Susanne Orrù-Benterbusch

Du bist ein Teil der Erde

Erschaffe die Zukunft, die du dir wünschst

Was jeder von uns tun kann, damit Menschen, Tiere und Natur im Einklang leben

Schirner Verlag

Die Ratschläge in diesem Buch sind sorgfältig erwogen und geprüft. Sie bieten jedoch keinen Ersatz für kompetenten medizinischen Rat. Alle Angaben in diesem Buch erfolgen daher ohne Gewährleistung oder Garantie seitens der Autorin oder des Verlages. Eine Haftung der Autorin bzw. des Verlages und seiner Beauftragten für Personen-, Sach- und Vermögensschäden ist ausgeschlossen.

Dieses Buch enthält Verweise zu Webseiten (zuletzt abgerufen am 01.07.2019), auf deren Inhalte der Verlag keinen Einfluss hat. Für diese Inhalte wird seitens des Verlags keine Gewähr übernommen. Für die Inhalte der verlinkten Seiten ist stets der jeweilige Anbieter oder Betreiber der Seiten verantwortlich.

Wir verzichten auf das Einschweißen unserer Bücher – **UNSERER UMWELT ZULIEBE!**

ISBN 978-3-8434-1401-2

Susanne Orrù-Benterbusch:
Du bist ein Teil der Erde
Erschaffe die Zukunft,
die du dir wünschst
Was jeder von uns tun kann,
damit Menschen, Tiere und
Natur im Einklang leben
© 2019 Schirner Verlag, Darmstadt

Umschlag: Elena Lebsack, Schirner,
unter Verwendung von #668593321
(© LedyX), #292965494 (© adike),
#188233268 (© chocoma87) und
#488864953 (© Mallinka1),
www.shutterstock.com
Layout: Simone Fleck, Schirner
Lektorat: Claudia Simon, Schirner
Printed by: Ren Medien GmbH, Germany

www.schirner.com

1. Auflage September 2019

Alle Rechte der Verbreitung, auch durch Funk, Fernsehen und
sonstige Kommunikationsmittel, fotomechanische oder vertonte Wiedergabe
sowie des auszugsweisen Nachdrucks vorbehalten

INHALT

- Mein Buch soll..7

Einleitung...9

Unser Leben als Menschen..15
- Warum bin ich hier?..16
- Die grosse Chance..18
- Gibt es einen Seelenweg?..20

Ich will wieder ganz werden – aber wo beginne ich?....23

Heilung für Herz und Seele...24
- Heilung des Inneren Kindes..25
- Systemische Aufstellungsarbeit 26
- »The Work« nach Byron Katie 27
- ÜBUNG: Falsche negative Gedanken aufdecken und in wahre positive wandeln 28
- Eine Fülle an Möglichkeiten 29
- Meditation 29
- Unsere Tiere als Heiler 30

Burn-out – bin ich wirklich ausgebrannt?.............................31
- Sich auf das Wesentliche konzentrieren und inneren Druck vermeiden.......33
- Resilienz – die psychische Widerstandsfähigkeit oder das Immunsystem der Seele....35

Heilung für den Körper..40
- Liebe geht durch den Magen – essen für eine bessere Welt............40
- Wohnumfeld und Kleidung 61

🌿 Heilung für Mensch und Tier im Zeichen der Natur ... 66
Falsch verstandene Tierliebe und Tierschutz ... 66
Unsere Hunde und Katzen ... 69
Das deutsche Tierschutzgesetz ... 71
Sind Tierversuche sinnvoll? ... 74
So kann Mutter Erde helfen ... 75
ÜBUNG: Der Frischekick für den Kopf ... 81
ÜBUNG: Heilende Hände ... 87
ÜBUNG: Gletschersturm für befreites Durchatmen ... 91
ÜBUNG: Affirmationen für einen starken Ausdruck und eine gesunde Schilddrüse ... 95
Krebs ... 98
Gesundheitsprävention ... 101
ÜBUNG: Raus aus dem Opferdasein ... 103

Heilungswege für Mutter Erde und ihre Kinder ... 111

🌿 Ein Überblick: Was du ohne grossen Aufwand tun kannst ... 113
🌿 In welchen Bereichen finde ich bereits Nachhaltigkeit? ... 125
🌿 Vor der eigenen Haustür kehren ... 131
🌿 Weitere Tipps für den ganzheitlich umweltfreundlichen Haushalt ... 134
Wohnung ... 134
Körperpflege ... 136
🌿 »Nichts darf man« – wenn Herz und Kopf im Zwiespalt sind ... 138
🌿 Du hast die Macht ... 141
🌿 Zu viele schlechte Nachrichten? Hier kommen gute! ... 145
ÜBUNG: Ohnmachtsgefühle in Liebe verwandeln ... 149
ÜBUNG: Welche Kraft führt mich durch mein Leben? ... 150
Optimismus – der innere Motor für ein leichteres Leben ... 151

Heilungsrituale für Mutter Erde 155
- Jahreskreisfeste 157
- Barfusslaufen 160
- Naturwesen 162
  - Eichen unter sich – ein Gastbeitrag von Antara Reimann 162
  - Ehrung von Mutter Natur – ein Gastbeitrag von Anne-Mareike Schultz 167

Von Mutter Erde lernen 171
- Die Natur als Vorbild 172
  - MEDITATION: Zurück in den Fluss des Lebens 173
- Die Natur ruft dich 175
- Die Natur macht glücklich 178
- Wo ist Gott? 181

Kinder – unsere Zukunft 183

Unsere Vision für die Zukunft 189

Du bist ein Teil der Erde und wirst es immer sein – Nachwort 193

- Danksagung 197
- Über die Autorin 198
- Quellen und Inspirationen 199
- Bildnachweis 200

Dieses Buch habe ich für Mutter Erde und für dich geschrieben, denn du bist ein Teil von ihr.

Mein Buch soll ...

- » nicht belehrend sein, sondern dir Denkanstöße geben.
- » nicht bewertend sein, sondern dich inspirieren.
- » nicht dramatisieren, aber ehrlich und authentisch sein.
- » keine Panik verbreiten, sondern aufklären, damit du einfacher Entscheidungen treffen kannst.
- » dir keine Vorschriften machen, sondern Möglichkeiten aufzeigen.
- » dich nicht in eine vorgefertigte Schablone pressen, dir jedoch eine Plattform bieten, dein Verhalten zu reflektieren.
- » dir keine Zaubermethoden bieten, doch die Erkenntnis vermitteln, dass Mutter Erde alles zur Verfügung stellt, was wir brauchen, und dass du ein machtvoller, wichtiger Teil der Erdengemeinschaft bist.
- » keinen Arzt ersetzen, dir aber helfen, deine Gesundheit als ein Zusammenspiel von Körper, Geist und Seele wahrzunehmen.
- » informativ und mahnend sein, aber gleichzeitig ein Gefühl von Leichtigkeit und Zuversicht in dir entstehen lassen.
- » dir nicht die Richtung vorgeben, aber deinen Blickwinkel erweitern und deine Sicht schärfen.
- » das Gefühl in dir hinterlassen, dass du in dieser Welt unverzichtbar bist und die Fähigkeit besitzt, mit deinen Taten und Gedanken deine Zukunft zu erschaffen.

Ich danke dir, dass du es in den Händen hältst.

Die Zeit ist gekommen, dass der Menschheit klar werden muss, dass sich drohende Naturkatastrophen nicht durch Wirtschaftswachstum und materiellen Reichtum abwenden lassen. Also besinnen wir uns darauf, was wirklich wichtig ist, damit wir am Ende unseres Lebens sagen können: »Wir haben für Mutter Erde alles getan, was uns möglich war.«

Einleitung

Als Kind habe ich es geliebt, in dem großen Atlas meiner Eltern zu blättern. Ich war fasziniert von der Schönheit der Natur, der Vulkane, Steine und traumhaften Landschaften. Ich fühlte mich zutiefst mit Mutter Erde verbunden, obwohl wir noch nicht einmal einen Garten hatten und für Ausflüge in die Natur kaum Zeit blieb. Zu Beginn der 1980er-Jahre, ich war vielleicht zehn oder elf Jahre alt, kaufte mein Vater die ersten Stern-Jahrbücher, die ich geradezu verschlang. Durch deren offenen, kritischen Journalismus wurde ich gnadenlos mit der Realität konfrontiert: mit Umweltverschmutzung, Tierversuchen und politischen Konflikten. Dennoch entwickelte ich keine Resignation, sondern stattdessen den Wunsch, etwas zu tun, um unserem Planeten zu helfen. Bereits damals wurde der Grundstein gelegt für meinen weiteren Lebensweg und auch für dieses Buch, das mein ganzes Herzblut enthält.

Ich bin ein riesiger Tierfreund, ich liebe Hunde und Katzen über alles und alle anderen Tiere ebenfalls. Ich bin aber auch ein Menschenfreund, und es macht mich glücklich, wenn ich anderen meine Ansichten mitteilen und sie inspirieren darf. Ich würde mich als ökologisch ausgerichtete, spirituell angehauchte, aber gleichzeitig gut geerdete Realistin bezeichnen. Ich verrenne mich nicht in Theorien, sondern halte mich an die Fakten. Da diese jedoch nach Sichtweise oder Lobby unterschiedlich interpretiert werden können, entscheide ich mich stets für die Wahrheiten, die mir am stimmigsten erscheinen und die mit dem, was ich in meiner Umwelt wahrnehme, übereinstimmen. Die wichtigste Erkenntnis aus der Recherche zu diesem Buch ist folgende: Wir müssen selbst in die Verantwortung kommen, um unsere Zukunft zu gestalten.

Es ist nicht meine Absicht, Panik zu verbreiten, sondern ich möchte die Menschen dabei unterstützen, Resignation und Gleichgültigkeit in Motivation zu verwandeln, ein Gefühl der Ohnmacht durch Kreativität zu ersetzen. Wir können die Heilung dieses Planeten nicht den Politikern überlassen, denn diese haben größtenteils keinen spirituellen Background, der meiner Meinung nach aber für ein gerechtes und friedliches Miteinander wichtig ist.

Manchmal kann ich Menschen verstehen, die von all dem nichts wissen und stattdessen einfach wie bisher weiterleben wollen. Denn es kann erdrückend sein, all die schlechten Nachrichten wahrzunehmen und gleichzeitig den stressigen Alltag bewältigen zu müssen. Wenn es dir auch so geht, dann ist das in Ordnung – aber bitte lies das Buch bis zum Ende durch. Vielleicht änderst du ja deine Meinung und spürst, wie heilsam es für dich wäre, Mutter Erde zu helfen.

Ich möchte jedem einzelnen Leser, ganz gleich, wo er oder sie gerade im Leben steht, respektvoll begegnen. Mir ist es egal, ob du Fleischesser, Vegetarier oder Veganer bist. Ich mag diese Kategorisierungen und die damit verbundenen Vorverurteilungen nicht. Du bist ein guter Mensch, der sich aktiv an der Heilung von Mutter Erde und all ihren Wesen beteiligen und Verantwortung übernehmen will, sonst hieltest du dieses Buch nicht in den Händen. Das ist alles, was für mich zählt. Ich bin davon überzeugt, dass gerade unsere Vielseitigkeit für unterschiedliche Blickwinkel, Toleranz und gute Ideen sorgen kann, wenn wir es zulassen. Wir können durch einfache Veränderungen viel Gutes bewirken – jeder auf seine Art. Selbstverständlich muss sich unser Verhalten im Bezug auf den Konsum von Fleisch und Milchprodukten ändern, damit wir den CO_2-Ausstoß reduzieren können. Hierfür ist jedoch eine Bewusstseinsveränderung der Verbraucher notwendig und kein ständiger Kampf. Ich möchte in diesem Buch Lösungen aufzeigen, Vorwürfe wirst du darin nicht finden.

Beim Strukturieren der einzelnen Kapitel wurde mir immer bewusster, dass die Heilung von Mutter Erde immer die Heilung von Mensch, Tier und Umwelt voraussetzt. Die Kinder lassen sich nicht von ihrer Mutter trennen. Wir alle sind miteinander verbunden, und zwar nicht nur physikalisch, sondern auf allen Ebenen. Wir bedingen und nähren einander. Ökologisch zu handeln, reicht nicht aus, um gesund zu bleiben, wenn wir weiterhin hasserfüllte Gedanken hegen, die uns krank machen. Es ergibt auch keinen Sinn, mit Tränen in den Augen einem Schweinetransporter hinterherzuschauen und dann billiges Fleisch im Discounter zu kaufen. Viele sorgen sich um den Weltfrieden und die unzähligen politischen Konflikte, sind aber nicht in der Lage, mit Familienmitgliedern, Kollegen oder Nachbarn ein gutes Verhältnis zu pflegen. Wenn wir Gefühle der Kleinheit und des Grolls hegen, werden wir uns nicht dafür begeistern können, für Mutter Erde einzustehen, weil wir unglücklich sind und uns ohnmächtig fühlen. Minderwertigkeitsgefühle und ein gebrochenes Herz können dazu führen, dass Menschen in ein Extrem abrutschen und auf eine exzessive Weise eine bestimmte Sache vertreten. Das führt leider oftmals dazu, dass sie diejenigen verurteilen, die nicht genauso denken und handeln wie sie. Am Ende trennt dieses Verhalten die Menschen voneinander, statt sie miteinander zu verbinden. Daher ist es essenziell, dass wir auch selbst heil werden – und zwar körperlich, mental, emotional und spirituell.

Das Innen spiegelt das Außen, verschmutzte Ozeane und Landschaften sind das Gegenstück zu den Müllhalden in den Köpfen der Menschen. Wir sind nicht die Krone, sondern ein Teil der Schöpfung, das verwechseln wir manchmal. Ohne tierische Nahrung hätte die Spezies Mensch ebenso wenig überlebt wie ohne pflanzliche. Und die großen Seuchen konnten erst besiegt werden, als wir begannen, die heilenden Kräfte des Wassers und der Kräuter zu entdecken. Wenn wir Mutter Erde wirklich helfen wollen, müssen wir uns selbst, die Tiere und die Umwelt mit Liebe und Respekt behandeln. So bilden wir Symbiosen der Liebe, ein soziales Netz, eine riesige Familie.

Selbstverständlich hat dieses Buch keinen Anspruch auf Vollständigkeit, denn täglich entstehen neue innovative Projekte. Ich hoffe jedoch, dir einige Anstöße und Heilungswege ans Herz legen zu können.

Vielleicht werden manchen Lesern Teile des Buches zu spirituell oder zu ökologisch-praktisch sein. Ich sehe es als meine Aufgabe, beide Seiten miteinander zu vernetzen, denn das ist wichtig. Alleiniges Visualisieren ohne Taten wird den Planeten ebenso wenig retten wie ein aktiver Umweltschutz, dem pessimistische und hasserfüllte Gedanken zugrunde liegen. Du kannst dir auf jeden Fall sicher sein, dass dieses Buch nicht ohne Grund zu dir gefunden hat. Man ist nie zu alt oder zu klug für neue Blickwinkel. Und eines weiß ich aus Erfahrung: Auch wenn es manchmal im ersten Moment wehtut, in den Spiegel zu schauen, so bleibt am Ende die Erkenntnis, das, was du darin erblickst, jederzeit verändern zu können.

Viel Freude beim Lesen!

In herzlicher Verbundenheit
Susanne

Uns alle verbindet die Frage nach dem Sinn unseres Daseins. **Was wäre, wenn du darauf eine Antwort finden würdest?**

Unser Leben
als Menschen

Warum bin ich hier?

Mit Gewissheit kann ich diese Frage nicht beantworten, ich kann nur eine Vermutung anstellen und dir mitteilen, woran ich glaube. Ich bin davon überzeugt, dass meine Seele hier auf Erden gewisse Erfahrungen machen möchte und sich dafür neben meinem Körper auch meine Eltern und alle weiteren Gefährten ausgewählt hat, deren Seelen wiederum eigene Erfahrungen machen wollen. Ich denke, all unsere Seelen sind Teil einer großen Seelenfamilie. Wenn wir sterben, gehen sie dorthin zurück, wo sie hergekommen sind, um irgendwann erneut zu inkarnieren. Diese Vorstellung nimmt mir jegliche Angst vor dem Tod. Die Annahme, dass mein Leben einen tieferen Sinn ergibt und Teil eines großen Planes ist, macht es mir leichter, mit Krisen und Herausforderungen umzugehen. Ich bin mir bewusst, dass meine Lebenszeit begrenzt ist, also warum sollte ich sie nicht nutzen, um mein Bestes zu geben? Warum sollte ich mich nach Sicherheit strebend zurückziehen und mein Leben aus Angst vor möglichen Gefahren vergeuden, wenn ich sowieso eines Tages sterben werde – so, wie jeder Mensch, jedes Tier und jede Pflanze? Bei Pflanzen können wir jeden Frühling deren Wiedergeburt beobachten. Wir leben also nicht, wir sind Leben – ein Bewusstsein, das sich einen Körper ausgesucht hat, Energie, die in einem Körper wirkt und ihn eines Tages wieder verlassen wird. Aber Energie geht nicht verloren, sie kann höchstens ihre Form verändern. Ich mag diesen Gedanken, der in vielen Kulturen in ähnlicher Form gehegt wird.

Leider werden das Sterben und der Tod in unserer westlichen Gesellschaft noch immer tabuisiert, und die christlichen Religionen sind in dieser Hinsicht keine große Hilfe. Selbst wenn ein sehr alter Mensch nach einem erfüllten Leben auf dem Fernsehsessel für immer einschläft, kommt es vor, dass während der Trauerfeier von Fassungslosigkeit die Rede ist, obwohl es dafür keinen Grund gibt. Wir wollen den Tod nicht, er ist uns unheimlich, wir blenden ihn zeitlebens aus. Manche Menschen, die ein aufregendes, interessantes Leben hatten, sehen ihrem Tod gelassen entgegen. Viele haben jedoch auch im letzten Lebensabschnitt noch immer große Angst vor ihm, was bedauerlich ist und im schlimmsten Fall einen langen Sterbeprozess zur Folge haben kann, wenn sie nicht in der Lage sind, loszulassen. Angst sollte nicht unser ständiger Begleiter sein, denn sonst nehmen wir das Leben, die unfassbare Schönheit unserer Mitgeschöpfe und der Natur wie durch einen grauen Schleier wahr. Ich hoffe, mit diesem Buch den ein oder anderen Schleier lüften und dich für deine eigene Schöpferkraft begeistern zu können.

Die Coachin Dari Stix, die am 5. Juni 2019 im Alter von 38 Jahren ihren Körper verließ, hat auf ihrer Internetseite ihre letzten Worte hinterlassen. Acht Minuten voller Wahrhaftigkeit, Glück, Liebe und Motivation. Ihre Botschaft hat mich bis ins Innerste bewegt und lange in mir nachgehallt. Dari sagte, ihr Leben sei nicht zu Ende, weil sie Krebs habe, sondern sie habe Krebs, weil ihr Leben nun zu Ende sei – und sie sei so glücklich und dankbar für alles, was sie erleben durfte. Ich bin ebenfalls der Überzeugung, dass uns eine gewisse Zeit auf dieser Erde zur Verfügung steht, die wir glücklich verbringen und möglichst sinnvoll nutzen sollten. Der eine lebt nur 16 Jahre, der andere 50 oder 98. Auf die Länge unserer Lebenszeit haben wir wahrscheinlich kaum Einfluss, umso mehr aber auf die Qualität. Wir wissen nie, wann es vorbei sein wird, und wir sollten das Leben gerade deswegen in vollen Zügen genießen.

Die grosse Chance

Ich möchte noch einmal darauf eingehen, wie überaus wichtig DU hier auf der Erde bist. Die Zeit, in der wir leben, ist für die weitere Existenz dieses Planeten entscheidend. Wir bewegen uns permanent auf einem Drahtseil zwischen dem Goldenen Zeitalter und apokalyptischen Zuständen. Die universelle Schwingung erhöht sich fortwährend, alles ist im Wandel. Außerdem werden die elektromagnetischen Frequenzen ständig verstärkt, und wir müssen uns diesen Gegebenheiten physisch und psychisch anpassen. Die unsichtbaren Gefahren durch Elektrosmog werden im 5G-Mobilfunk gipfeln, sodass ich dir nur raten kann: Schirme dich bestmöglich ab, aber bleibe zuversichtlich, und tritt für deine Überzeugungen ein.

Wir können den Himmel auf Erden erschaffen oder unseren Enkeln einen zerstörten Planeten hinterlassen. Du kannst die Zukunft aktiv mitgestalten oder dich von der am weitesten verbreiteten Krankheit dieser Tage anstecken lassen: Gleichgültigkeit, die aus Angst und dem Gefühl der Ohnmacht resultiert. Dieses Leben ist ein Geschenk, mache etwas daraus! Für dich und alle Lebewesen, die dir begegnen. Denke immer daran: Deine Zeit hier wird irgendwann vorbei sein, also gib dein Bestes, und widme dich der Heilung von Mutter Erde.

Im Laufe dieses Buches wirst du sehen, dass es bereits unzählige Menschen gibt, die sich mit unterschiedlichsten Projekten für eine bessere Welt einsetzen. Du bist also in bester Gesellschaft. Eigentlich musst du gar nicht viel tun. Ein bewusstes Konsumieren wäre bereits ein riesiger Schritt. Vielleicht fehlt dir noch die nötige Motivation, weil du neben deinen Pflichten noch so viel mit dir selbst zu tun hast. Vielleicht fragst du dich, wie du die Welt retten sollst, wo es doch in deinem Leben so viele Baustellen gibt, es in deiner Beziehung kriselt, du mit deiner Arbeit haderst, du dem Glück ständig hinterherläufst. Genau das ist ja der Punkt: Heile dich selbst, und du heilst die Welt.

Gibt es einen Seelenweg?

Die Erfahrungen, die deine Seele auf der Erde machen will, kann man als »Seelenweg« bezeichnen, dem du in menschlicher Gestalt Ausdruck verleihen sollst. In jedem von uns schlummert eine großartige Gabe, etwas ganz Besonderes, was nur er kann. Bedauerlicherweise stellen gerade Frauen, aber auch viele Männer ihr Licht unter den Scheffel, anstatt es leuchten zu lassen. Wir haben den Kontakt zu unserer Seele verloren und somit sämtliche Visionen, die wir als Kind vielleicht noch begeistert verfolgt haben. Nutzen wir unsere Lebenszeit, um herauszufinden, was unsere Seele so einmalig macht. Wir sind als Babys auf die Welt gekommen, die voller Liebe waren, neugierig auf das Wunder Leben und begeisterungsfähig. Versuchen wir, diese Liebe wieder zu spüren und sie in diesem traumhaft schönen Planeten zu verankern, damit wir ihn heilen können.

Auf allen Kontinenten dieser Welt werden nach wie vor schamanische Rituale vollzogen. Die gelebte Naturspiritualität ist bei einigen Stämmen ein wesentlicher Teil des Alltags, z. B. bei den australischen Ureinwohnern, den Aborigines, die in der Lage sind, telepathisch miteinander zu kommunizieren. Die Visionssuche als Initiationsritus ist dort ein wichtiger Teil des Erwachsenwerdens. Die Jugendlichen verbringen eine bestimmte Zeit nur mit sich selbst inmitten der Natur – allein mit den Bäumen, Pflanzen, Tieren, den inneren Dämonen und den Stimmen der Naturgeister. Während dieser Zeit versuchen sie, eine Vision ihrer Seele zu erhalten – Informationen über den Weg, den ihre Seele in diesem Leben gehen will.*

Während in unserer westlichen Kultur die Wahl des Berufes meist anhand des Verdienstes, der geistigen und körperlichen Anforderungen oder der gesellschaftlichen Anerkennung getroffen wird, ist bei diesen Naturvölkern die Vision der Seele entscheidend. Doch auch für uns ist es wichtig, im Einklang mit unserem Inneren zu sein und ausgetretene Pfade zu verlassen, wenn es sein soll. Ein Seelenweg führt nicht immer geradeaus, sondern kann sich durch das Leben schlängeln und ereignisreiche Erfahrungen bergen. Wichtig ist, dass wir im Vertrauen sind und uns darauf einlassen.

---

* *Buchtipp: »Vision der Seele – Entdecke deine Bestimmung im Leben« von Lisa Biritz, erschienen im Schirner Verlag.*

Alles ist mit allem verbunden.
Wenn wir Heilung für unsere Tiere und die Umwelt wollen, sollten wir uns auf den Weg machen, unsere eigenen Wunden zu heilen.

Heilung für Herz und Seele

Wir leben in einer Zeit der nahezu unbegrenzten Möglichkeiten, wenn es darum geht, Körper, Geist und Seele etwas Gutes zu tun. Es gibt gut ausgebildete Therapeuten, Heilpraktiker und Entspannungspädagogen. Egal, ob du einfach nur gestresst bist oder spürst, dass tief in deinen Zellen etwas geheilt werden will, sicher findest du die passende Unterstützung. Meiner langjährigen Erfahrung nach entstehen die meisten Konflikte zwischen Menschen aufgrund von Missverständnissen und unterschiedlichen Wahrnehmungen. Viele fühlen sich zu schnell angegriffen, handeln nicht objektiv, sondern emotional. Sie sind nicht kritik- und schon gar nicht konfliktfähig und werden es auch im fortgeschrittenen Alter nicht. Konstruktive Kritik wird mit Mobbing verwechselt, das Selbstwertgefühl sinkt mit jeder subjektiv empfundenen Missachtung, und am Ende sind immer die anderen schuld. Das kann so weit führen, dass Menschen nicht mehr arbeiten gehen können, Beziehungen und Familien auseinanderbrechen.

Die wichtigsten Dinge haben wir leider nicht in der Schule gelernt, doch wir können sie jederzeit nachholen, wenn wir es wollen. Wer mit sich selbst im Reinen ist, kann viel gelassener agieren und reagieren.

Heilung des Inneren Kindes

Zwischenmenschliche Probleme haben ihren Ursprung oftmals darin, dass das verletzte Kind in uns, auch »Schattenkind« genannt, reagiert statt wir selbst als erwachsene Person. Ob im Familien- oder Berufsleben, ja, sogar in der Politik gibt es unzählige hochrangige Männer und Frauen jeglichen Alters, die aus ihrem Schattenkind heraus handeln. Die Heilung des Inneren Kindes ist meiner Meinung nach sehr wichtig für ein gutes Konfliktmanagement, die objektive Beurteilung einer Situation und dadurch für den eigenen inneren Frieden. Neben Seminaren werden auch hilfreiche Bücher zu diesem Thema angeboten. Stefanie Stahl behandelt das Innere Kind in ihren Büchern auf mentaler Ebene, Susanne Hühn auf emotionaler, spiritueller Ebene. Manchmal genügt die Bewusstwerdung, das Anschauen und Annehmen, damit sich Verhaltensmuster ändern können. Spürst du, dass das Kind in dir verletzt ist, setze alles daran, es zu heilen. Du wirst sehen, dass das eine echte Bereicherung für deine Beziehungen und dein gesamtes Leben sein wird.

Systemische Aufstellungsarbeit

Solltest du spüren, dass innerhalb deiner Familie oder Ahnenreihe etwas auf energetischer Ebene nicht stimmt, du beispielsweise immer wieder mit einem deiner Kinder aneinandergerätst, du auch nach Jahren eine Fehlgeburt noch nicht verkraftet hast oder du eine problematische Beziehung mit deinen Eltern führst, wäre vielleicht die systemische Aufstellungsarbeit ein gutes Werkzeug für dich. Hierbei wirst du durch eine ausgebildete Fachperson angeleitet, deine Familienmitglieder aufzustellen. Das geschieht entweder mithilfe von anderen Personen, die in die Rolle deiner Familienmitglieder schlüpfen, oder der Therapeut stellt sich selbst in die betreffenden Energiefelder und spürt nach. Mit dieser effektiven Methode kannst du auch Arbeitskollegen, Freunde, Haustiere oder Geldthemen aufstellen – fast alles ist möglich. Die systemische Aufstellungsarbeit ist eine großartige Möglichkeit, die Ordnung innerhalb von Beziehungen und energetischen Verbindungen wiederherzustellen.

»The Work« nach Byron Katie

»Lieben, was ist – Wie vier Fragen Ihr Leben verändern können« – dieses Buch der Amerikanerin Byron Katie habe ich bereits vor Jahren verschlungen, und noch heute wende ich ihre darin beschriebene einfache Methode »The Work« regelmäßig an, wenn mich etwas an einer Situation oder Person stört.

Wir neigen dazu, unsere Mitmenschen, Situationen und Dinge zu verurteilen, doch objektiv betrachtet richten wir unsere Abneigung, unser Misstrauen und unsere mangelnde Anerkennung immer gegen uns selbst. Wir kreieren negative Gedanken und Überzeugungen und leiden unter ihnen. Im Bezug auf Mutter Erde können das Glaubenssätze sein wie: »Dieser Planet ist nicht mehr zu retten.«, oder: »Die Welt ist schlecht, und Menschen sind grausam.«

Mit der folgenden von »The Work« inspirierten Übung kannst du herausfinden, ob deine Überzeugungen der Wahrheit entsprechen, und sie gegebenenfalls umkehren. Denn wenn wir resignieren, weil wir unsere ablehnenden Gedanken glauben und darüber depressiv werden, helfen wir der Welt nicht.

Übung:

Falsche negative Gedanken aufdecken und in wahre positive wandeln

Dein Urteil: »Ich bin ein unwichtiger Teil dieser Erde.«

1. Stimmt das?
Überlege, ob diese Aussage richtig ist.

2. Bist du dir zu 100 % sicher, dass diese Aussage der Wahrheit entspricht?
Hast du wirklich noch nie etwas Wichtiges für dich, andere Menschen oder Tiere getan oder etwas Gutes bewirkt? Jemandem geholfen? Liebe gegeben? Einen anderen zum Lachen gebracht? Komplimente verteilt?

3. Drehe es um!
Wenn du genau nachdenkst und dir dein bisheriges Leben vor Augen führst, wirst du feststellen, dass dein Urteil nicht stimmt. Die Wahrheit ist: »Ich bin ein sehr wichtiger Teil dieser Erde.«

Eine Fülle an Möglichkeiten

Manche blühen durch das Praktizieren von Kundalini-Yoga, Qigong, Tai Chi oder anderen intensiven körperlichen und geistigen Übungen auf, denn durch sie kann bereits vieles in Gang kommen. Es gibt hochwirksame, dynamische Meditationen, die verbunden mit Atemübungen Änderungen in Verhalten und Bewusstsein nach sich ziehen können. Manche gehen in die Schwitzhütte und besuchen Gruppen, in denen schamanisch gearbeitet, meditiert und getrommelt wird. Du kannst auch Reit- oder Gesangsunterricht nehmen oder erst einmal einen Entspannungskurs in der Volkshochschule buchen. Aber mache bitte den ersten Schritt, sobald du merkst, dass es an der Zeit ist.

 Meditation

Mediation ist ein einfacher und äußerst effektiver Weg, in die Entspannung zu kommen. Das bewusste Ein- und Ausatmen in der Stille oder untermalt von Musik, die du als angenehm empfindest, ist nicht nur kraftspendend, sondern kann dich zudem dabei unterstützen, deine Blockaden zu lösen. Dadurch, dass du während der kontemplativen Versenkung deinem Inneren und dem Universum zuhörst, erhältst du wertvolle Impulse für dein Leben. Im Handel findest du fantastische Meditationsmusik und eine große Auswahl an geführten Meditationen. Ein Leben ohne diese Art der inneren Einkehr ist für mich undenkbar.

Unsere Tiere als Heiler

Jeder, der sein Leben mit Hund oder Katze teilt, weiß, welche Bereicherung diese wunderbaren Tiere sind. Liebe, Freude, Kuscheleinheiten, Herausforderungen – all das schenken sie uns. Natürlich sollte ein Tier nicht angeschafft werden, um ein Loch in unserem Herzen zu füllen. Doch manchmal hält das Leben unerwartete Lektionen für uns bereit, durch die sich zeitweise Abgründe vor uns auftun können. Ein Seelenhund an deiner Seite wird immer darauf achtgeben, dass du nicht hineinfällst. Die Herzensverbindung zwischen Mensch und Hund oder einem anderen tierischen Freund kann ich mit Worten kaum beschreiben. Ich selbst habe sie als so innig erfahren, dass Aussagen wie »nur ein Tier« für mich unfassbar sind. Ich vermenschliche unsere Haustiere nicht, doch ich weiß, dass sie für uns eine wichtige Aufgabe erfüllen. Ihre Liebe sollten wir ihnen zurückgeben. Also sorge bitte gut für dein Tier, erfülle seine Bedürfnisse, und kümmere dich um dein eigenes Seelenheil. Damit tust du ihm den größten Gefallen.

Burn-out – bin ich wirklich ausgebrannt?

Mittlerweile hat jede zweite Krankmeldung einen psychischen Hintergrund. Ich kenne einige Menschen, die an einem Burn-out gelitten haben. Oftmals standen sie beruflich unter großem Druck, bevor sie sich in einer Sackgasse wiederfanden und nicht mehr konnten. So weit sollte es nicht kommen. Doch viele haben Angst vor Veränderung und der damit verbundenen Reaktion ihres sozialen Umfeldes. Eines solltest du dir immer vor Augen führen: Niemand außer dir weiß, wie es in dir aussieht, und jeder, der dich liebt, möchte dich gesund und glücklich sehen, auch wenn dafür ein Richtungswechsel nötig ist. Du allein bist für dich verantwortlich. Solltest du meinen: »Aber die anderen erwarten, dass ich …«, ist es vielleicht Zeit für dich, »The Work« von Byron Katie zu praktizieren. Dann wirst du wahrscheinlich herausfinden, dass du selbst derjenige bist, der dich am meisten unter Druck setzt, niemand sonst.

Kürzlich begegnete mir der Begriff »Bore-out«, also sinngemäß »Leere durch Langeweile«. Vielleicht muten einige von uns ihrer Seele zu viel Langeweile zu, während sie ihren Körper in der Tretmühle der Arbeitswelt ständig im Kampf- und Fluchtmodus halten, wodurch der Zusammenbruch vorprogrammiert ist. Ob Burn-out oder Bore-out – warte bitte nicht so lange, bis du nicht mehr kannst. Kein Haus oder Sportwagen dieser Welt ist es wert, dass wir dafür mit unserer körperlichen oder psychischen Gesundheit zahlen.

Viele gehen ihr Leben lang einer beruflichen Tätigkeit nach, die nicht ihren wahren Talenten und Kindheitsträumen entspricht. Doch sie sind dankbar, und es geht ihnen gut dabei. Sie lieben ihr Privatleben und sind zufrieden mit dem, was sie haben. Das ist wunderbar, und daran ist überhaupt nichts auszusetzen. Wenn du aber merkst, dass dein beruflicher Weg zu steil wird oder gänzlich der falsche ist, wechsle die Richtung. Verändere etwas, und komme in deine Kraft – Jammern allein hilft nicht. Als Lehrer z. B. kannst du die Schule wechseln, das reicht vielleicht schon aus, um völlig neue Impulse zu erhalten. Wenn dir das Schulsystem nicht zusagt, mache eine Zusatzausbildung, und gehe an eine Waldorf- oder Montessori-Schule. Was auch immer dein Beruf ist, finde Lösungen, wenn du Veränderung willst. Verringere deine Arbeitszeit, und suche dir einen Zweitjob, der dir Energie gibt und dir mehr entspricht. Arbeite in einem Café, einem Bioladen, oder mache eine Shiatsu-Ausbildung, und arbeite nebenbei als Therapeut. Dadurch entstehen neue Kontakte und Visionen. Vielleicht sehnt sich dein Herz nach einer Tätigkeit, mit der du Mutter Erde direkt unterstützen kannst. Alles ist möglich.

Krise bedeutet Veränderung. Für die Entwicklung der eigenen Stärke können solche schwierigen Situationen sehr bedeutsam sein. Sicherlich sind sie anstrengend, doch irgendwann realisieren wir, dass sie für einen Richtungswechsel notwendig waren.

Sich auf das Wesentliche konzentrieren und inneren Druck vermeiden

Ich kenne mehrere verbeamtete Frauen und Männer, die in Frühpension gegangen sind, als sie um die 50 waren. Ich möchte keinesfalls ausschließen, dass sie sich zu dem jeweiligen Zeitpunkt ihrer Entscheidung nicht auch ausgebrannt gefühlt haben. Der Beginn der Wechseljahre ist eine Zeit, in der Menschen ihr Leben neu definieren, sich erschöpft fühlen und Arbeitsplatz und Beziehungen aus einem neuen Blickwinkel beleuchten. Doch ich frage mich, ob es nicht manchmal Sinn ergibt, über unsere Schmerzgrenze hinauszugehen. Wären sie auch in den Ruhestand gegangen, wenn sie im unteren Lohnniveau gearbeitet und daraus folgernd nur eine kleine 800-Euro-Frührente bekommen hätten? Sind wir weniger belastbar, wenn wir Sicherheiten im Rücken haben? Und sind wir belastbarer und auch kreativer, wenn wir keine andere Wahl haben? Warum hatten die sogenannten Trümmerfrauen zum Ende des Zweiten Weltkrieges kein Burn-out, obwohl sie von morgens bis abends am Wiederaufbau der Städte gearbeitet haben?

In der heutigen Zeit sind wir von den vielen auf uns einprasselnden Informationen und den zig Möglichkeiten, unseren Tag zu füllen, oftmals überfordert. Wir haben den Drang, bei allem, was wir tun, perfekt zu sein, und haben die Messlatte dafür äußerst hoch gelegt. Außerdem wollen wir ständig erreichbar und überall präsent sein, was zur Folge hat, dass wir viel Zeit in den sozialen Medien verbringen. Manche Menschen haben niemanden, um den sie sich kümmern müssen, sodass sie viele Kurse belegen und geradezu ein Freizeit-Burn-out erleiden. Haben wir Angst, etwas Wichtiges zu verpassen? Wir haben so viele Wünsche, die kaum alle zu erfüllen sind. Die meisten von uns werden ihre Vision der Traumimmobilie oder des Luxusautos wohl nie realisieren können. Trotzdem sind diese übergroßen Ziele stets präsent und üben Druck auf uns aus. Wenn ich von »uns« rede, meine ich ganz besonders die Mittel- und Oberschicht. Viele Menschen, die ein einfacheres Leben führen und sich auf die Befriedigung ihrer grundlegenden Bedürfnisse konzentrieren – und das meine ich keinesfalls abwertend – sind meist mit weniger Konsum glücklich und erledigen ihre vielfältigen Pflichten, ohne jemals eine Burn-out-Klinik von innen sehen zu müssen. Eine, wie ich finde, interessante Tatsache, die uns vielleicht zeigt, wie sehr uns selbst auferlegter Druck belasten kann.

Und was ist mit den Trümmerfrauen von damals? Die einzige Vision, die sie hatten, war, dass auf den zerbombten Gebieten eines Tages wieder Häuser stehen würden. Daran haben sie geglaubt, dafür haben sie unglaublich hart gearbeitet. Und es hat funktioniert.

Ich bin ein riesiger Fan von Collagen, die man erstellt, um seine Ziele zu definieren und sich auf diese zu konzentrieren. Ich selbst versuche dabei stets, realistisch abzuschätzen, was im kommenden Jahr am wichtigsten sein wird und sich manifestieren darf. Das hat bisher immer wunderbar funktioniert, und ich habe viele meiner Ziele erreicht. Natürlich habe ich auch größere Wünsche für die Zukunft, aber ich bin im Hier und Jetzt dankbar für alles, was bereits Teil meines Lebens ist, statt mich mit übergroßen Träumen selbst unter Druck zu setzen und dann zu wundern, dass der Blutdruck steigt.

Ich möchte dir ans Herz legen, dich von dieser schnelllebigen Zeit, die keine Momente zum Durchatmen zu bieten scheint, nicht mitreißen zu lassen. Lasse es nicht zum Burn-out kommen, und betrachte Krisen als Chancen, in deine Stärke zu kommen und Veränderungen in dein Leben zu bringen. Versuche, dich wieder auf das Wesentliche in deinem Leben zu konzentrieren.

Resilienz – die psychische Widerstandsfähigkeit oder das Immunsystem der Seele

Über dieses Thema wurde in letzter Zeit viel berichtet, und meiner Meinung nach ist es auch hochinteressant, sodass ich es hier aufgreifen möchte: Resilienz – die Fähigkeit, Krisenzeiten, schwierige Lebensphasen und traumatische Erlebnisse ohne bleibende Beeinträchtigung zu überstehen und wieder komplett zu regenerieren. Wie ein Schwamm, den man zusammendrückt und der wieder in seine Ausgangsform zurückkehrt.

Wir leben in einer Zeit, in der es gesellschaftlich anerkannt zu sein scheint, schlechtes Benehmen im Erwachsenenalter und sogar Straftaten mit traumatisierenden Erfahrungen während der Kindheit zu entschuldigen. Natürlich ist es unbestreitbar, dass ein liebevoll aufwachsender Mensch in Bezug auf seine Entwicklung Vorteile hat. Eine repräsentative Studie belegt, dass ungefähr 60 % der Kinder, die Vernachlässigung oder Gewalt durch ihre Bezugspersonen erfahren haben, als Erwachsene ähnlich handeln

wie diese. Nur etwa ein Drittel der Betroffenen entwickelt sich in eine komplett andere Richtung und ergreift teilweise einen helfenden Beruf im sozialen Bereich. Diese Menschen sind resilienter als jene, die in die Erziehungsmuster, die sie selbst erfahren haben, zurückfallen. Resilienz bewirkt also, trotz übler Erfahrungen in jungen Jahren zu einem glücklichen, zuversichtlichen Erwachsenen zu werden.

In dieser Studie ist aufgefallen, dass es bei den resilienten Teilnehmern in der Kindheit mindestens eine Person gab, die ihnen liebevoll zugetan war und der sie vertrauen konnten – Freunde, Tanten oder Lehrer, die ihnen das Gefühl gaben, geliebt zu werden und wertvoll zu sein. Ich finde das faszinierend, macht es doch deutlich, wie wichtig es ist, Kindern Zuneigung und Wertschätzung entgegenzubringen. Des Weiteren werden auch erbliche Faktoren, die Intelligenz, der Optimismus und die Extraversion (Fähigkeit, auf Menschen zugehen zu können) im Bezug auf die Resilienzfähigkeit erforscht.

Resilienz ist das Immunsystem der Seele als gelungener Abwehrmechanismus gegenüber einer drohenden Stresserkrankung. Wenn wir trotz Schicksalsschlägen und Herausforderungen immer wieder aufstehen und weitergehen und wir in Krisenzeiten Auswege finden, statt zu katastrophisieren und einen Schuldigen zu suchen. Jeder von uns kann an seiner Resilienz arbeiten. Wie genau?

Laut diverser Psychologen ist es enorm wichtig, sogenannte Ressourcen zu bilden. Das bedeutet, wir sollten uns für Notzeiten einen Kräftevorrat anlegen. Ich habe hier einige Vorschläge dazu zusammengetragen:

- » Achte auf deine Gesundheit, ernähre dich gut, ergänze deine Mahlzeiten mit wertvollen Vitalstoffpräparaten, und bewege dich täglich in der Natur.

- » Verbringe Zeit mit Dingen, die dir Freude bereiten. Suche dir Hobbys, mache Übungen für Körper, Geist und Seele, und ergründe deine Talente.

- » Beschäftige dich früh genug mit Sterbebegleitung und dem Thema »Tod«, damit du gut vorbereitet bist, wenn jemand stirbt, den du liebst.

- » Wenn du einen Beruf hast, der dich erfüllt, dir aber viel abverlangt, gib acht, dass deine Beziehung oder Familie nicht darunter leidet. Mache dein Zuhause zu einem Kraftort.

- » Wenn du im Privatleben viel Kraft lässt, finde im Berufsleben einen Ausgleich dazu.

- » Sorge auch in anderen Bereichen deines Lebens stets für einen Ausgleich. So bleibst du in deiner Mitte und kannst dich in herausfordernden Situationen selbst auffangen und tragen.

- » Versuche, mit dir selbst bestmöglich ins Reine zu kommen, damit im Falle einer Trennung oder eines Verlustes nicht auch noch alte Verletzungen an die Oberfläche treten und dich zusätzlich belasten.

- » Wenn du glauben kannst, dass deine Seele auf dieser Erde Erfahrungen machen will, wird es dir leichterfallen, Schicksalsschläge zu akzeptieren und sie nicht als eine Art Bestrafung zu empfinden.

» Versuche, dich nicht als Opfer der Umstände zu sehen, sondern als Schöpfer deines Lebens, und finde Lösungen für Probleme. Siehe Krisen als Chance zur Veränderung.

Was kannst du für die Resilienzbildung deiner Kinder tun?
Erziehe sie liebevoll und voller Verständnis für all ihre Schwächen und Fehlentscheidungen, aber sprich mit ihnen darüber, und sorge gegebenenfalls für Konsequenzen, damit sie daraus lernen können.

Versuche nicht, …

» die Welt an deine Kinder anzupassen, sondern deine Kinder auf diese Welt vorzubereiten – und zwar so, dass sie sich dennoch frei entfalten können und selbstbewusste Erwachsene werden.

» sämtliche Konflikte oder unangenehme Erfahrungen mit Lehrern oder anderen Menschen von ihnen fernzuhalten, sonst werden sie spätestens in der Ausbildung oder während ihres Studiums einen Realitätsschock erfahren. Zeige ihnen innerhalb der Familie, dass Konflikte lösbar sind und dass Meinungsverschiedenheiten nichts mit mangelnder Liebe zu tun haben.

» ihnen sämtliche Wünsche zu erfüllen, weil du nicht Nein sagen kannst, sonst könnten sie in späteren Beziehungen jeglicher Art große Probleme bekommen.

Lebe ihnen deine Werte und deine Lebensphilosophie in allen Belangen vor, und lasse zu, dass sie sich eigenständig entwickeln.

Wir können unsere Kindheitserfahrungen nicht ändern, aber wir können als Erwachsene viel dazu beitragen, die alten Wunden zu heilen und in unsere Kraft zu kommen.

Heilung für den Körper

Liebe geht durch den Magen – Essen für eine bessere Welt

Es gibt kaum eine bessere Möglichkeit, unserer Liebe zu Mutter Erde und jedem Lebewesen Ausdruck zu verleihen, als durch unsere Ernährung und alles, was damit in Verbindung steht. Indem wir bewusst entscheiden, was wir essen und wo wir unsere Lebensmittel kaufen, sind wir in der Lage, die Welt zu verbessern. Wenn wir z. B. regionale und biologische Lebensmittel verwenden, unterstützen wir die Bauern im eigenen Land und die Biobauern weltweit. Wir können energiesparend kochen, indem wir die Restwärme des Elektroherdes nutzen und die Ofenhitze für den Auflauf und gleichzeitig für das Brotbacken nutzen. Wir können das Klima schonen, indem wir mit dem Fahrrad zum Gemüsehändler fahren oder nach der Arbeit den Nachhauseweg mit dem Auto gleich mit dem Einkauf verbinden. Dadurch, dass wir Lebensmittel, die nicht regional wachsen, wie Kaffee, Südfrüchte, Kakao und somit auch Schokolade, aus dem fairen Handel kaufen, leisten wir einen Beitrag, dass die Bauern von ihren Einnahmen leben und ihre Kinder zur Schule schicken können. Somit entsteht ein Kreislauf der Wertschätzung und des Wohlstandes.

Die Küche ist ein wunderbarer Ort der Kreativität und Zusammenkunft. »Heimchen am Herd« – wir alle kennen diese negativ besetze Redewendung, und auch die kontrovers diskutierte »Herdprämie« hat die Küche als wichtigen Teil unseres Lebens leider nicht ins rechte Licht gerückt, sondern eher ins Lächerliche gezogen. Heutzutage wird der Aufenthalt in der Küche oftmals als überholt oder antifeministisch angesehen, was ich sehr schade finde. Als Halbitalienerin liebe ich eine gemütliche und umfangreiche Esskultur. Ich bereite für mein Leben gern Mahlzeiten zu und habe dies auch täglich in Zeiten getan, als ich noch eine 60-Stunden-Arbeitswoche hatte. Das ist keine Frage der Zeitfenster, sondern der Lebenseinstellung. Für mich sind Nahrungsmittel viel mehr als nur Nährstofflieferanten. Das Kochen entspannt mich, und der anschließende Genuss ist für mich wie ein Lebenselixier. Auch die Mahlzeiten für meine Hunde bereite ich in der Küche zu, das ist ein fester Teil meines Tagesablaufes. Etwas weniger Zeit vor dem Fernseher oder in den sozialen Medien und dafür etwas mehr Zeit in der Küche zu verbringen, wäre meine erste und sofort umsetzbare Empfehlung für

jeden, der sein Leben und diese Welt verändern will. Kochen und Essen – eine hochwirksame Physio- und Psychotherapie.

Der Aufenthalt in der Küche kann außerdem eine wunderbare Unterstützung bei der Erhaltung einer stabilen und liebevollen Partnerschaft sein, denn gemeinsames Kochen und der anschließende Genuss des köstlichen Essens sind sinnlich und bieten die Möglichkeit, Zeit miteinander zu verbringen und sich auszutauschen.

Wenn wir kleine Kinder haben, sitzen wir täglich mit ihnen am Tisch, um gemeinsam zu essen – zumindest sollte es so sein. Dabei können wir ihnen ruhiges Essen ohne Smartphone und andere Ablenkungen vorleben. Durch Schule, Studium und Arbeit wird das Einnehmen der Mahlzeiten im familiären Kreis oftmals zur Seltenheit. Dadurch kann es schnell zu einer Entfremdung kommen. Versuche daher, ab und zu ein gemeinsames Essen zu organisieren, bei dem ein reger Austausch stattfinden kann. Warum auf Weihnachten oder Ostern warten? Macht es euch öfter gemeinsam schön!

Nahrung dient mehr als nur dem Stillen unseres Hungers.
Durch das Zubereiten der Leibspeise kannst du dem Bekochten deine Liebe zeigen, genauso wie er durch ein Kompliment zu deiner Kochkunst oder seine genussvoll verdrehten Augen seine Zuneigung für dich ausdrücken kann. Und wenn das neue Rezept misslingt, könnt ihr euch zumindest gemeinsam köstlich darüber amüsieren und ein Stück von dem selbst gebackenen Brot essen. Ja, selbst gebacken! Du glaubst, dafür hast du keine Zeit? Ich verspreche dir: Die hast du.

Rezept für Brot:

ZUTATEN:
500 g Dinkelmehl, 1 TL Salz,
2 EL Apfelessig, 1 Tütchen Hefe, 500 ml Wasser

ZUBEREITUNG: Vermische alle Zutaten miteinander. Du kannst auch Saaten und Nüsse dazugeben. Fülle die Teigmasse in eine Kastenform, und stelle diese in den kalten Ofen, den du nun auf 200 °C Unter-/Oberhitze drehst. Nach ca. 60 Minuten ist das gesunde und köstliche Brot fertig.

Ich finde es wichtig, dass Lebensmittel Bio- oder eine ähnliche Qualität haben, also nicht mit Chemikalien behandelt wurden, und ursprünglich sind. Obst und Gemüse sollten möglichst reif geerntet worden sein. Wenn du im örtlichen Bioladen oder bei dem Biobauern um die Ecke einkaufst, unterstützt du gleichzeitig den biologischen Anbau und den Umweltschutz. Wenn du der Überzeugung bist, dir ökologisch angebaute Lebensmittel nicht leisten zu können, möchte ich dir ein paar Tipps ans Herz legen: In kleinen Biohofläden gibt es immer reduzierte Ware, beispielsweise Gemüse, das ein paar Macken hat, oder Trockenware, deren Mindesthaltbarkeitsdatum überschritten ist, die aber noch immer ohne Bedenken verzehrt werden kann. Die großen Bioläden bieten wöchentlich wechselnde Sonderangebote an. In Drogerien und vielen Supermärkten bekommst du ebenfalls eine recht große Auswahl an preisgünstigen Bioprodukten. Wenn du nur das einkaufst, was du brauchst, und darauf achtest, dass möglichst keine Lebensmittel verderben, wirst du dich wundern, wie günstig am Ende auch der Verzehr von biologischen Waren sein kann. Lebensmittel sind wertvoll, doch ein Drittel der Gesamtproduktion, also 18.000.000 Tonnen, landet jedes Jahr auf dem Müll. Biolebensmittel werden unter Rücksichtnahme auf Böden, Grundwasser, Tierwohl, soziale Fairness, Biodiversität und Klima produziert. In der Regel schmecken sie auch besser und sind für Mensch und Tier gesünder.

Eine saisonale Ernährung ist ebenfalls umweltschonender, da lange Transportwege wegfallen, und meist auch besser verträglich für den Körper. Die Natur kennt den Weg und weiß genau, zu welcher Jahreszeit welche Früchte gegessen werden sollten. Im Sommer ist kühlendes Gemüse reif, z. B. Salate, Gurken und Tomaten. Im Winter bietet sich wärmendes Gemüse an wie diverse Kohlsorten mit ihren krebshemmenden Stoffen, aber auch Feldsalat und Kürbis. Die Senfölglykoside des Kohles bringen uns gesund durch die kalte Jahreszeit, und das Orange der Hokkaidokürbisse sorgt für gute Laune während der kurzen, dunklen Tage. Wenn du auf Fleisch nicht verzichten möchtest, ist das in Ordnung, doch du kannst bestimmt deinen Konsum reduzieren und statt Discountware Fleisch von artgerecht gehaltenen Tieren kaufen. Du wirst sehen, wie gut du dich dadurch fühlen wirst.

Ich denke bei diesem Thema an die Indianer in Nordamerika, die sich voller Respekt bei jedem Tier, das sie erlegen, bedanken. Bewusstes Essen, Respekt und Dankbarkeit wäre auch für uns ein wichtiger Schritt in die richtige Richtung.

Die Küche – vielleicht der wichtigste Ort im ganzen Haus.

Was sagen die wichtigsten Biosiegel aus? Der Bioanbauverband mit den kompromisslosesten Richtlinien ist nach der griechischen Fruchtbarkeitsgöttin Demeter benannt. Er war der Pionier für biodynamische Lebensmittel in Deutschland. Haben Lebensmittel, Kosmetika und andere Produkte dieses Label, kannst du sicher sein, dass keine Pestizide verwendet wurden und die Waren zu fast 100 % naturrein sind. Voraussetzung für eine »Demeter«-Zertifizierung ist eine mindestens 95 %ige ökologische Herkunft der Zutaten. Dies gilt auch für das Biosiegel der EU, das »Naturland«-Siegel und das »Bioland«-Siegel. Allerdings sind bei »Demeter« zusätzlich weder Farbstoffe, Geschmacksverstärker, Nitritpökelsalz, Carrageen noch künstliche oder natürliche Aromen erlaubt. Die »Bioland«-Kriterien sind ähnlich streng, jedoch dürfen hier natürliche Aromen eingesetzt werden. Was die Tierhaltung und Tierfütterung angeht, so sind die Anforderungen beider Verbände fast identisch, ein »Demeter«-Rind darf allerdings nicht enthornt werden. Was Dünger, Pflanzenschutzmittel und Bewirtschaftung betrifft, so sind »Demeter«- und »Bioland«-Richtlinien ebenfalls gleichermaßen konsequent. Das häufig zu findende »Naturland«-Siegel ist das drittstrengste Biosiegel. Beim Biosiegel der EU werden gerade im Anbau und in der Tierhaltung viele Kompromisse gemacht, sodass man von einer reinen biologischen und artgerechten Herkunft der Lebensmittel nicht mehr sprechen kann. Eine Übersicht der verschiedenen Biosiegel und deren Kriterien findest du im Internet.

Im Falle von Allergien, Hormonstörungen, Haut- und anderen Erkrankungen, die mit Schadstoffen in Zusammenhang stehen können, ergibt es Sinn, sich ausschließlich von Lebensmitteln zu ernähren, die unter »Demeter«- oder »Bioland«-Richtlinien angebaut wurden bzw. deren Kriterien entsprechen. Bei idiopathischen (ohne erkennbare Ursache) Erkrankungen würde ich ebenfalls sämtliche Schadstoffe im Essen, aber auch im Wohnumfeld umgehend meiden.

Gesunde, individuell passende Ernährung ist ein wichtiger Pflasterstein auf dem Weg zur körperlichen, geistigen und seelischen Balance. Es gibt eine Vielzahl von Ernährungsformen und -philosophien, und ich befürworte jede, die mir ausgewogen und vollwertig erscheint. Wenn der Körper das bekommt, was er braucht (Nährstoffe, Vitamine, Spurenelemente, Enzyme, Mineralien, Aminosäuren etc.), und ihm das erspart bleibt, was ihm schadet (Gifte und synthetische Zusatzstoffe aller Art), liegen wir richtig. Wenn dann noch das Mikrobiom im Darm in Ordnung ist und die Nahrung gut verwertet wird, haben wir die Basis für die körperliche und psychische Gesundheit geschaffen. Ernährung sollte nicht zur Ersatzreligion werden, und ich halte es auch nicht für vernünftig, sich zu 100 % auf eine bestimmte Ernährungsform zu versteifen. Besser ist, zu schauen, was der eigene Körper wirklich braucht. Bei manchen Menschen sind das z. B. morgens ein warmer Brei und abends eine Suppe. Auf der anderen Seite kenne ich viele Rohköstler, die in ihrer Art der Ernährung aufgehen und sich fantastisch fühlen. Jeder sollte den für sich passenden Weg wählen, statt strikt den Regeln einer Ernährungsform zu folgen, nur weil sie gerade trendy ist. Ich schätze in dieser Hinsicht östliche Philosophien, die die Einzigartigkeit eines jeden Individuums herausstellen und typgerecht unterstützen wollen. Optimal wäre es, ein gesundes Körpergefühl zu entwickeln, durch das man spüren und erleben kann, welche Lebensmittel in welcher Zubereitung für einen am gesündesten sind. Hierzu ist es wichtig, dass wir lernen, Stress zu kompensieren, denn Stresshormone tragen dazu bei, dass wir uns selbst kaum noch fühlen können.

Du solltest nicht versuchen, deine Mitmenschen mit Kommentaren über ihr Essverhalten zu bekehren, denn dadurch wird kein Umdenken stattfinden. Lebe stattdessen vor, was du für gut und richtig hältst, und beeindrucke die Außenwelt mit deiner energiegeladenen Ausstrahlung und guten Gesundheit, aber lasse andere in deren Verantwortung.

Hippokrates sagte einst, dass man die Nahrung seine Medizin sein lassen soll. Ja, das stimmt. Sie sollte aber auch fantastisch schmecken. Nachfolgend ein paar Basisinformationen bezüglich gesunder Ernährung und verschiedener Ernährungsformen.

Du solltest darauf achten, dass …

» Lebensmittel aus umweltfreundlichem Anbau kommen.

» Lebensmittel möglichst unbehandelt und unverarbeitet sind.

» Lebensmittel nicht hocherhitzt oder konserviert wurden, sondern möglichst frisch sind.

» du tiefgefrorenes Gemüse Gemüsekonserven vorziehst.

» du Salz und Zucker in unraffinierter bzw. Urform kaufst: grobes Salz, Meersalz, Steinsalz, Kristallsalz aus fairen Abbauprojekten, Vollrohr- und Rohrohrzucker. Auch der köstliche Kokosblütenzucker aus biologischem Anbau ist zu empfehlen, denn es gibt mittlerweile tolle Kooperativen in Thailand und auf den Philippinen, die du mit dem Kauf ihrer Produkte unterstützen kannst. Zum Süßen bieten sich zudem Reis- und Ahornsirup, Agavendicksaft, Dattel- und Apfelsüße an.

» du Vollkornmehl einem Auszugsmehl vorziehst, da es durch die Mineralstoffe und Öle in den Schalen und Keimlingen wesentlich nahrhafter und sättigender ist. Dinkel wird basisch verstoffwechselt und ist für den Magen sehr gut verträglich. Auch glutenfreie Pseudogetreidesorten wie Hirse, Buchweizen, Quinoa und Amaranth eignen sich gemahlen hervorragend zum Brotbacken.

» du Fette wie Hanf-, Lein-, Walnuss-, Kürbiskern- und kalt gepresstes Olivenöl roh genießt und zum Braten Fette verwendest, die trotz Erhitzen ihre wertvollen Inhaltsstoffe behalten, z. B. Erdnuss-, Traubenkern-, Raps- und Kokosöl.

» du frische Kräuter dem Essen immer erst zum Schluss beifügst. Sie sollten nicht mitgekocht werden, denn nur so behalten sie ihre gesunden Inhaltsstoffe. Kräuter sollten außerdem immer ungespritzt sein, da Pestizide schädlich für den Körper sind und die Pflanzen durch sie ihre sekundären Inhaltsstoffe verlieren.

» du keine beschichteten und damit gesundheitsgefährdenden Küchenutensilien benutzt. Verwende stattdessen Keramik- oder gusseiserne Töpfe. Nimm zum Umrühren am besten einen Holzlöffel.

Am wichtigsten und unabhängig von der Art, wie du dich ernährst, und davon, welche Lebensmittel du kaufst, ist, dass du deine Mahlzeiten mit Liebe zubereitest und sie bewusst zu dir nimmst. Ein Smoothie, den du hektisch verschlingst, während du drei Whatsapp-Nachrichten beantwortest, ist für deine Zellen sicher von geringerem Nutzen als ein in Ruhe gekauter Apfel, der bereits im Mund enzymatisch vorverdaut wird.

Wenn du damit glücklich bist, jeden Morgen Toast mit Marmelade zu essen, ist das okay. Vielleicht stellst du aber mit der Zeit fest, dass dir im Sommer z. B. etwas Ananas guttut, dir im Winter ein warmer Buchweizenbrei mit Obst oder ein Spiegelei sehr gut bekommt oder du auch einfach einmal eine Mahlzeit auslassen möchtest, weil du keinen Hunger hast. Manchmal genügt dem Körper ein großes Glas Wasser. Lasse dich nicht von den vielen Ansichten und Meinungen anderer verunsichern, sondern spüre in dich hinein, und nimm wahr, was gut für dich ist.

Im Nachfolgenden möchte ich einige Ernährungsformen kurz erläutern. Vielleicht dient dir das ja als Inspiration.

Vegetarische und vegane Kost: Vegetarier essen kein Fleisch und keine Wurstwaren. Wenn sie Fisch zu sich nehmen, werden sie auch als »Pescetarier« bezeichnet. Veganer verzichten komplett auf tierische Erzeugnisse, neben Fleisch und Fisch also auch auf Milchprodukte, Eier und Honig. Auch wenn du dich ausgewogen vegan ernährst, solltest du B-Vitamine (insbesondere B12) zuführen und auf deinen Calciumhaushalt achten, indem du reichlich grünes Blattgemüse und Nüsse isst.

Rohkost: Rohköstler sind in der Regel auch Veganer. Sie erhitzen ihre Lebensmittel auf höchstens 40 °C. Die meisten von ihnen fühlen sich physisch und psychisch sehr wohl mit dieser

Ernährungsweise. Auf Menschen, denen typbedingt wärmende Nahrung guttut, kann eine ausschließliche Rohkost dauerhaft zu kühlend wirken. Einen Teil der Nahrung roh zu sich zu nehmen, ist aber sicher für jeden Menschen empfehlenswert. Um das Verdauungssystem, insbesondere die Leber, zu entlasten, sollten rohe Lebensmittel abends nicht mehr gegessen werden.

Ayurvedische Kost: Ayurveda, eine traditionelle indische Gesundheitslehre, umfasst die Ernährung, ganzheitliche Massagen und die geistigen Lehren des Yoga. Den Menschen wird je nach Gesamtkonstitution ein Dosha bzw. ein dominierendes Dosha zugeordnet: Vata, Pitta oder Kapha. Durch die passende Ernährung sowie Körper- und Geistesübungen sollen die Dosha-Anteile ins Gleichgewicht gebracht werden. Die Lehre besagt, dass es durch Lebensmittel, Geschmacksrichtungen und Gewürze möglich ist, ein erhitztes Temperament zu kühlen und eine eher träge Persönlichkeit anzufeuern.

Ernährung nach Bruker: Die von dem deutschen Arzt und Politiker Max Otto Bruker entwickelte Vollwertkost ist tausendfach klinisch erprobt. Hier gilt es, frische, unbehandelte Lebensmittel selbst zu verwerten und nichts industriell Hergestelltes zu verzehren.

Die Alwanokü-Ernährung ist eine Ernährungsphilosophie, bei der wir unsere volle Kreativität entfalten und schmackhafte, interessante neue Rezepte kreieren können. »Alwanokü« steht für »Alles, was noch im Kühlschrank ist«. Sicher kennst du das: Du kommst hungrig von der Arbeit nach Hause, öffnest den Kühlschrank, aber außer einer schon etwas verschrumpelten Paprika, den Resten von gestern und ein paar eingelegten getrockneten Tomaten ist nichts mehr da. Zeit, deiner Fantasie freien Lauf zu lassen und aus dem, was dir zur Verfügung steht, etwas komplett Neues zu zaubern! Du wirst überrascht sein, wie wunderbar ein einfaches Gericht schmecken kann, wenn man ein paar Gewürze und getrocknete Kräuter zur Verfügung hat. Hole dir im Frühjahr frische Biokräuter in deine Küche, und veredle damit deine Speisen. Diese lassen sich auch hervorragend einfrieren und schmecken dann fast wie frisch gepflückt.

Hier sind ein paar Anregungen, wie du mit geringem Zeitaufwand verschiedene Geschmacksrichtungen kreieren kannst. Verwende diese Soßengrundlagen, um Gemüse oder andere Zutaten deiner Wahl darin zu dünsten oder nach kurzem Anbraten damit abzulöschen:

» **Mediterraner Stil:** Knoblauch, Zwiebeln, Tomatenmark und getrocknete Tomaten anbraten, mit etwas Brühe oder einem Schuss Rotwein ablöschen und mit Salz und italienischen Kräutern wie Oregano, Thymian und Salbei abschmecken.
Beilagen: Rosmarinkartoffeln oder Pasta

» **Thailändischer Stil:** Currypaste in Kokosöl kurz anbraten und mit Kokosmilch ablöschen. Mit Salz, Sojasoße und Knoblauch würzen. Je nach Geschmack mit einem Limettenblatt und etwas Erdnussmus verfeinern.
Beilage: thailändischer Duftreis

» **Chinesischer Süß-sauer-Stil:** Sojasoße, Essig, Tomatenmark oder -ketchup, Agavendicksaft oder ein anderes Süßungsmittel zu gleichen Teilen mischen und mit dem angedünsteten Gemüse oder Fleisch deiner Wahl kurz aufkochen.
Beilagen: Reis oder Reisnudeln

» **Indischer Stil:** Indische Gewürzmischung, z. B. mit Kurkuma, Kreuzkümmel und Chili, mit Tomaten und anderen Gemüse-

sorten deiner Wahl in Kokosöl anbraten und mit Kokosmilch ablöschen. Mit Salz, frischem Ingwer und Knoblauch würzen und alles noch etwas köcheln lassen.
Beilage: Basmatireis

- **Wok-Stil:** Gemüse nach Wahl in Öl scharf anbraten und mit Sojasoße ablöschen. Mit Salz und Knoblauch würzen und mit Petersilie oder Koriander servieren.
Beilage: Reis

- **Gutbürgerlicher Stil:** Kohlgemüse wie Kohlrabi, Brokkoli oder Blumenkohl in Butter oder Margarine kurz anbraten und mit Sahne oder Sojasahne und Gemüsebrühe ablöschen. Mit Salz und Muskatnuss würzen.
Beilagen: Kartoffeln oder Hirse

Ich koche sehr oft ein Alwanokü-Gericht, denn ich liebe es, Lebensmittel komplett zu verwerten, bevor ich den Kühlschrank mit neuen, frischen Sachen auffülle.

Roh oder gekocht? Milch und Getreide – ja oder nein? Wie bereits gesagt, gibt es im Bereich Ernährung viele unterschiedliche Ansichten, die sich teilweise sogar widersprechen. Ob Milch, die von den Muttertieren eigentlich für ihre Kälber produziert wird, nun für den Menschen gesund ist oder nicht, ist ein ewiges Streitthema. Fakt ist, dass viele von uns sowohl Laktose als auch Milcheiweiß nicht gut vertragen und aufgrund dieser Unverträglichkeiten diverse gesundheitliche Probleme auftreten können. Es wird behauptet, dass dem Körper, insbesondere den Knochen, durch das Trinken von Milch Calcium nicht zugeführt, sondern entzogen wird. Für diese Theorie spricht, dass Krankheiten wie Osteoporose in vielen asiatischen Ländern, in denen keine Kuhmilch getrunken wird, so gut wie nicht existieren. Doch auch bei Milch spielt es sicherlich eine große Rolle, ob und wie sie verarbeitet wurde. Die unbehandelte Rohmilch einer »Demeter«-Kuh ist sicher nicht mit der hocherhitzten und pasteurisierten Milch eines Tieres aus der Mast vergleichbar. Wenn wir allerdings den CO_2-Ausstoß verringern wollen, kommen wir nicht umhin, den Konsum von Milchprodukten stark einzuschränken.

Wenn du wissen möchtest, wie es dir ohne Milch ergeht, dann versuche doch, für ein paar Monate auf sie zu verzichten, und beobachte, wie dein Körper, vor allem deine Haut und deine Verdauung, darauf reagiert. Es gibt heutzutage sehr schmackhafte Alternativen aus Hafer, Soja, Reis, Dinkel und Mandeln. Drinks aus Hafer und Dinkel sind ökologisch gesehen völlig unbedenklich, denn beide Getreidesorten wachsen sozusagen vor der eigenen Haustür. Achte aber bitte auch hier auf eine biologische

Qualität und darauf, dass möglichst keine unerwünschten Zusätze wie Zucker oder andere Süßstoffe enthalten sind.

Getreide wird oftmals geradezu verteufelt, da es unter anderem Erkrankungen wie Alzheimer und Demenz fördern soll. Wenn wir uns etwas näher mit diesem Thema beschäftigen, erkennen wir auch hier schnell, dass Getreide nicht gleich Getreide ist. Es gibt Brot zu kaufen, das aus billigem, nährstoffarmem Auszugsmehl hergestellt wurde, das Korn vorab mehrfach gespritzt mit übelster Chemie. Manche Brötchen aus Bäckereien, die ihre Waren für sehr wenig Geld anbieten, sollen sogar aus Rohlingen gemacht worden sein, die aus Übersee stammen. Wenn das stimmt, wäre dies aufgrund der langen Transportwege ein ökologisches Desaster, ganz zu schweigen von den zwangsläufig enthaltenen gesundheitsschädigenden Konservierungsstoffen. Ob darin wirklich auch Haare verarbeitet wurden, wie in manchen Berichten behauptet wird, kann ich nicht mit Gewissheit sagen. Doch glaube mir, dass ein Teig aus frisch gemahlenem biologischem Dinkel oder Buchweizen mit diesen Getreideprodukten nicht das Geringste zu tun hat, sondern reich an wertvollen Mineralstoffen ist.

Es ist bewiesen, dass durch den Kochvorgang einige Vitamine zerstört werden. Manche werden allerdings erst durch Hitze aus den Zellwänden gelöst, Kartoffeln und Auberginen sind sogar erst nach dem Kochen genießbar. Gekochter Grünkohl enthält immer noch mehr Vitamin C als roher Salat und ist zudem reich an Vitamin A und E sowie Calcium. Wenn du Rohkost liebst und sie dir guttut, dann genieße sie mit jedem Bissen. Jedes Lebensmittel aus Angst vor Vitaminmangel roh zu essen, halte ich allerdings nicht für empfehlenswert.

Wenn du im Bezug auf die Produktion und Deklaration von Lebensmitteln sowie deren Inhaltsstoffe auf dem neusten Stand gehalten werden möchtest, kannst du dich in den Newsletter-Verteiler des gemeinnützigen Vereins »Foodwatch« eintragen. Falls du der Meinung bist, dass die Produkte aus dem Handel nicht gesundheitsschädlich sein können, da sie ansonsten ja verboten wären, muss ich dich leider enttäuschen. Wenn es um deine Ernährung und Lebensweise sowie deren Folgen für deine Gesundheit geht, gibt es nur einen einzigen Menschen, der dafür die Verantwortung trägt, und das bist du selbst. Im Handel befinden sich sogar Tees für Babys, die mit Zucker und synthetischen Aromen versehen sind, was in meinen Augen unfassbar ist. Gesundheitsgefährdende Lebensmittelzusatzstoffe, Quecksilber in Impfadjuvantien, Süßstoffe und vieles mehr werden meist als unbedenklich dargestellt. Im Anschluss an die Berichterstattung über Lebensmittelskandale folgt ausnahmslos eine Verharmlosung des Bundesministeriums für Verbraucherschutz. Hier wird eher beschwichtigt als aufgeklärt. Dass die Summe der verschiedenen Gifte und synthetischen Stoffe, denen Mensch und Tier ausgesetzt sind, den Organismus vielleicht doch belastet, wird mit keiner Silbe erwähnt. Darauf müssen wir selbst kommen. Wir dürfen nicht vergessen, dass der Lobbyismus in Deutschland mittlerweile salonfähig ist. Es ist kein Geheimnis, dass auch Politiker in Vorstandsräten der Industrie gut bezahlten Nebentätigkeiten nachgehen. Dadurch verlieren sie ihre Unabhängigkeit und Objektivität und werden zum Spielball der Lebensmittel- und Pharmaindustrie sowie der Bauernverbände. Steigende Krebsraten, Allergien bereits bei Kindern und diverse physische und psychische Erkrankungen müssen irgendwo ihre Ursachen haben. Lasse dich bitte nicht für dumm verkaufen.

Lasse dich von den vielen Ernährungsphilosophien nicht stressen, sondern finde deinen ganz persönlichen Weg.

Was hältst du davon, manchmal einfach nichts zu essen? An den Tagen, an denen wir fasten bzw. nur Wasser zu uns nehmen, verursachen wir weniger Müll und verbrauchen auch keine Energie für das Zubereiten von Lebensmitteln. Fastenkuren werden seit Jahrhunderten als Gesundheitsvorsorge und zur Behandlung von psychischen und körperlichen Erkrankungen in unzähligen Kliniken im In- und Ausland angeboten. In Russland wird das Fasten sogar staatlich gefördert. Viele Menschen reisen dorthin, um zu fasten, weil die Methoden, die dort angewendet werden, sehr gute Heilungserfolge bringen. Du musst aber natürlich nicht nach Russland reisen, sondern kannst auch zu Hause, in einem nahegelegenen Kloster oder Retreat-Zentrum oder innerhalb einer heimischen Fastengruppe das Nichtessen genießen. Der Körper verwendet ca. 80 % seiner Energiereserven für die Verwertung von Nahrung, wodurch klar wird, warum viele Menschen beim Fasten regelrechte Kraftschübe verspüren. Je nach Vergiftungs- bzw. Verschlackungsgrad von Körper und Geist können zeitweise Fastenkrisen in Form von Schmerzen oder belastenden Gefühlen auftreten, was ein Zeichen der Reinigung ist. Die aus dem Fettgewebe freigesetzten Giftstoffe können mit Methylsulfonylmethan (MSM) oder Chlorella-Algen gebunden und ausgeleitet werden. Leberwickel helfen, den Körper sanft zu entgiften. Hier ein paar Möglichkeiten des Fastens[*]:

Teilfasten meint das Weglassen von Lebensmitteln, von denen wir wissen, dass sie uns nicht guttun, und das Ersetzen dieser durch gesündere, besser verträgliche Alternativen.

---

[*] *Ausführliche Informationen zum Thema »Fasten« findest du im Kartenset »Meine Natur wahrnehmen – Fasten für mehr Klarheit, Energie, Schönheit, Natürlichkeit und Sinnlichkeit« von Ute Leilani Meuser und Simone Vetters, erschienen im Schirner Verlag.*

Rohkost- oder Smoothiefasten ist das alleinige Essen von reifem, frischem, saisonalem Obst und Gemüse in rohem Zustand, wobei die Lebensmittel auch als Smoothies mit Kräutern zubereitet werden können.

Kurzfasten ist das dauerhafte Fasten an einem Tag pro Woche, an dem du ausschließlich Wasser und Tee zu dir nimmst. Die entschlackende Wirkung ist an Neumond besonders groß.

Fastenwandern bietet eine großartige Möglichkeit, um mit dir selbst wieder in Kontakt zu kommen. Ob auf Visionssuche, zur Verarbeitung von Trauer oder als Auszeit – barfuß oder in Schuhen durch die Natur zu wandern und der Schönheit von Mutter Erde zu begegnen, während du nur Wasser, Tee oder frisch gepresste Gemüsesäfte zu dir nimmst, kann unbeschreibliche Motivationsschübe in dir auslösen.

Wildkräuterfasten: Hierbei nimmst du für ein paar Tage nur Wasser und Wildkräuter, z. B. Löwenzahn, Birkenblätter, Giersch, Schafgarbe, Brennnesseln und Bärlauch, zu dir.

Intermittierendes Fasten: Nach dem Vorbild unserer Urahnen, die Jäger und Sammler waren, folgen hier auf Zeitabschnitte ohne Nahrungsaufnahme (14 bis 16 Stunden) Phasen mit normaler Ernährung.

Medienfasten bringt vor allem den Geist zur Ruhe, denn du verzichtest in dieser Zeit auf das Nutzen von Fernseher, PC, Smartphone usw.

Konsumfasten meint, dass du über eine gewisse Zeit hinweg außer Lebensmitteln nichts kaufst. Hierbei besinnst du dich darauf, was du wirklich und unbedingt zum Leben brauchst.

Jammerfasten: Statt dich zu beklagen, denkst du an einem oder mehreren Tagen pro Woche nur an schöne Dinge, für die du dankbar bist.

Im Schirner Verlag gibt es viele Ernährungs- und Fastenbücher, von denen du dich inspirieren lassen kannst. Hier kannst du etwas über Ayurveda, die Chi-Küche, Fermentiertes, Süßes, Saures, Veganes und vieles mehr erfahren.

»Schön ist eigentlich alles, was man mit Liebe betrachtet«, sagte Christian Morgenstern, und er hatte recht. Da Kopf und Herz immer mitessen, können wir davon ausgehen, dass jegliche Nahrung, die wir bewusst ausgesucht, gekauft, geerntet und zubereitet haben, um sie uns dann liebevoll und dankbar zu Munde zu führen, nicht nur schmackhaft, sondern auch gesund ist. Denn Liebe und Dankbarkeit verändern alles – und zwar nicht nur auf

Gefühlsebene, sondern auch in unseren Zellen und in den Zellen der Nahrung. Wenn man den Worten des Forschers Dr. Diethard Stelzl in seinem Buch »Über die Lichtkraft der Farben in unserer Nahrung – Kompass für genussreiches und gesundes Essen« Glauben schenken will, so bekommt das Essen bereits eine höhere Schwingung und wird besser verträglich, wenn wir es hübsch oder gar in Form eines Mandalas auf dem Teller anrichten. Ich stimme dem zu, denn ich habe die Erfahrung gemacht, dass bereits unsere Absicht und erst recht die Energie, mit der wir etwas tun, positive Auswirkungen haben.

Wohnumfeld und Kleidung

Synthetische Duftstoffe und Chemikalien befinden sich in fast allen Bereichen des Wohnumfeldes und auch in unserer Kleidung – wenn wir es zulassen. Bereits bei ihrer Herstellung belasten sie Arbeiter und Umwelt. Später leiden die Menschen und Haustiere in ihren Wohnungen unter ihnen, die Ausdünstungen gehen in die Atmosphäre, und wenn der stinkende Teppich entsorgt wird, gelangen die Chemikalien in das Grundwasser. Es ist also wichtig, auch im Wohnumfeld bewusst ökologisch zu handeln.

Teppiche und Möbel: Gesundheitlich unbedenkliche Einrichtungsgegenstände findest du im Ökofachhandel. Holzmöbel kannst du dir auch schreinern lassen oder, wenn du handwerklich geschickt bist, sie selbst bauen und anschließend ölen oder wachsen. Ökoteppiche gibt es mittlerweile in sämtlichen Formen und Farben zu kaufen. Vor allem, wenn kleine Kinder oder Haustiere auf ihnen liegen oder spielen, halte ich es für wichtig, auf schadstoffgeprüfte, natürliche Materialien zu achten.

Kleidung und Schuhe: Neben den großen Herstellern von Naturkleidung wie »Hess Natur«, »Maas Natur« und »Deerberg« gibt es mittlerweile unzählige kleinere Labels, die attraktive Mode produzieren. »Vaude« z. B. bietet wasser- und winddichte Outdoor-Kleidung aus ökologischer Herstellung und ohne Mikroplastik an. Es gibt immer mehr Schuhe ohne chemisch gegerbte Lederbesätze, Hanf- und Leinenschuhe sowie langlebige Schuhe aus Kunstleder auf dem Markt. Manche Aquaschuhe werden sogar aus ehemaligen PET-Flaschen hergestellt. Schadstofffreie Kleidung ist wichtig für die Gesundheit, da Gifte auch über die Haut in den Körper gelangen können. Schaue dich um, und du wirst feststellen: Ökologisch bewusst lebende Menschen müssen heutzutage nicht mehr in Jutesäcken herumlaufen, sondern können durch nachhaltige Mode ihrer Persönlichkeit Ausdruck verleihen.

Düfte: Welchen Einfluss synthetische Duftstoffe auf die Gesundheit und das Verhalten von Mensch und Tier haben, wird zwar oft diskutiert, aber ganz genau weiß es angeblich niemand, oder es wird nicht öffentlich gemacht. Hormonstörungen und Allergien als Folgen? Ja, das alles ist durchaus vorstellbar. Aus meiner Tierheilpraxis kenne ich etliche Fälle von chronischen Atemwegserkrankungen und epileptischen Anfällen bei Hauskatzen, die ich auf chemische Düfte zurückführe, und auch das Nervensystem von Hunden bleibt nicht von ihnen verschont. Für mich ist es Fakt, dass sich solche Duftstoffe negativ auf die Gesundheit von Mensch und Tier auswirken, denn genau das erlebe ich in der realen Welt. Und ich möchte mir nicht ausmalen, wie ein Baby nach dem geschützten, fast zehnmonatigen Aufenthalt im Bauch seiner Mutter auf Zwangsaromatisierung durch Weichspüler, Duftkerzen und Co. reagiert.

Bitte benutze daher keine synthetischen Duftmittel, sondern ausschließlich 100 % naturreine ätherische Öle in therapeutischer Qualität. Du kannst sie in einen Diffuser geben, der gleichzeitig die Luft befeuchtet, oder sie über die Haut aufnehmen. Diese Öle wirken nicht nur auf physischer, gesundheitlicher, sondern auch tiefgehend auf psychischer Ebene und können diese positiv beeinflussen.

Wichtig: Ätherische Öle mit einem hohen Phenolgehalt wie Zimt oder Gewürznelke sind für Katzen auch in geringer Dosierung ein No-Go. Ähnliches gilt für intensiv duftende Pflanzen. Es gibt eine Vielzahl an für unsere Samtpfoten unbedenklichen Gewächsen, mit denen du deine Wohnung ausstatten kannst.[*] Tiere mit neurologischen Auffälligkeiten sollten sich außerdem nicht in einem Raum aufhalten, in dem Mittel mit chemisch-synthetischen Substanzen im Einsatz sind, z. B. Lacke, Haarfärbemittel und Dauerwellflüssigkeiten.

Elektrosmog: Wenn wir auch in Zukunft unseren Familien, unseren Tieren und uns selbst ein gesundes Umfeld bieten wollen, müssen wir uns wohl oder übel mit diesem Thema auseinandersetzen, denn der Elektrosmog, den wir zwar nicht sehen können, der aber trotzdem auf uns einwirkt, wird noch zunehmen. Daran können wir erst einmal nichts ändern. Jedoch können wir unnötige Belastungen in den eigenen vier Wänden vermeiden. Viele Menschen benutzen ihr Smartphone als Wecker und lassen es auf dem Nachttisch in Kopfnähe liegen, wodurch sie die ganze Nacht über der davon ausgehenden Strahlung ausgesetzt sind. Wenn der Hund neben dem Bett liegt, wird er ebenfalls dadurch belastet. Schlafstörungen sind somit vorprogrammiert. Ein Router sollte

---

[*] *Weitere Informationen findest du in meinem Buch »Katzen – Seelengefährten und Herzeroberer – Ganzheitlicher Praxis-Leitfaden«, erschienen im Schirner Verlag.*

möglichst weit von Stellen, an denen sich Mensch und Tier länger aufhalten oder gar zur Ruhe kommen wollen, platziert werden. Auf dem Markt gibt es Produkte, die Elektrosmog nachweislich abschirmen können. Die Blume des Lebens steht für harmonische Ordnung. Dieses Symbol kann genutzt werden, um Elektrosmog aufzulösen. Quarzkristalle wie Rosenquarz, Bergkristall und Amethyst absorbieren schädliche Strahlung. Der Schungit, ein aus Nordrussland stammendes Gestein, soll ebenfalls Schutz bieten. Steine und Kristalle sind regelmäßig unter fließendem Wasser zu reinigen und ab und zu in die Sonne zu legen. Probiere einfach etwas davon aus, und schaue, ob es dir guttut. Wenn du an die Existenz von Elektrosmog nicht glaubst, kannst du einen Baubiologen mit dem Messen der Belastung in deinem Wohnraum beauftragen. Du wirst sehen: Elektrosmog ist kein esoterisches Hirngespinst, sondern Realität.

Übrigens: Auch das Aufblitzen mancher Rauchmelder kann den Schlaf von Mensch und Tier negativ beeinflussen. Erkundige dich über nicht blinkende Alternativen.

Dies und das: Neben den bereits aufgeführten Möglichkeiten, das tägliche Leben natürlicher und gesünder zu gestalten, gibt es auch in anderen Bereichen immer mehr ökologische Produkte. Zur Aufbewahrung von Lebensmitteln eignen sich Glasschalen mit Klippdeckeln, deren Verwendung vermeidet, dass ungesunde Weichmacher in das Essen und Mikroplastik in das Grundwasser gelangen. Unbedenkliche und fair produzierte Spielzeuge für Kinder und Küchenutensilien sind im Ökohandel erhältlich. Auch im Bereich Bürobedarf gibt es umweltverträgliche Alternativen wie Prospekthüllen aus Papier und Ordner aus Pappe. Teelichter ohne Aluhüllen, ökologische Handtaschen und Schlüsselanhänger, hochwertige, langlebige Produkte aus Kunstleder ... – was auch immer du suchst, du wirst sicher fündig werden.

Heilung für Mensch und Tier im Zeichen der Natur

 ## Falsch verstandene Tierliebe und Tierschutz

»Tierschutz« ist ein Thema, das sensibel behandelt werden sollte, denn eines weiß ich genau: Jeder Tierschützer hat ein großes Herz, das den Wunsch hegt, Tieren zu helfen. Bei einigen ist dieses Herz jedoch gebrochen, was eine objektive Beurteilung mancher Situationen erschwert. Daher läuft in der Tierschutzarbeit meines Erachtens nicht alles zum Wohle der Tiere ab. Manchmal werden Streunerhunde nach Deutschland geholt, die sich in ihrer Heimat viel wohler gefühlt haben, und sollen hier in einer kleinen Stadtwohnung leben. Leittiere werden an Menschen vermittelt, die erwarten, dass sie aufs Wort gehorchen. Traumatisierte Auslandshunde landen kurz nach ihrer Vermittlung in deutschen Tierheimen, abgegeben von völlig überforderten, fehlinformierten Menschen. Vor der Ausreise bekommen Tiere trotz ihres oftmals bedenklichen gesundheitlichen Zustandes diverse Impfungen, Wurmkuren und Flohmittel innerhalb kürzester Zeit verabreicht. Manche von ihnen tragen dadurch bleibende Schäden davon. Immer wieder entlaufen Hunde bereits bei der Übergabe an Autobahnraststätten, weil sie nicht ausreichend gesichert wurden, oder sie laufen weg, weil sie der neue Besitzer viel zu früh von der Leine gelassen hat. Ist das Tierschutz im Sinne der Tiere? Und ist es vernünftig, Katzen aus dem Ausland einzuführen, obwohl unsere eigenen Tierheime aus allen Nähten platzen?

Ein Tierschützer, dem das Tierwohl am Herzen liegt, sucht gezielt Menschen, die zu den jeweiligen Tieren passen, und er transportiert diese nicht dutzendweise in einem Lieferwagen durch Europa, um Geld für sie zu kassieren und anschließend auf Nimmerwiedersehen zu verschwinden. Bitte sei sehr achtsam, wenn du dich für ein Tier aus dem Auslandstierschutz interessierst, und schaue vorher auch in deutschen Tierheimen nach einem Freund fürs Leben. Ich selbst war viele Jahre lang in einem solchen als Hundeausführerin tätig und weiß, wie groß das Leid der Tiere auch in unserem eigenen Land ist. Die Unterkünfte mögen sauberer sein als in anderen Teilen der Erde, doch auch diese Tiere vereinsamen und warten oft bis zu ihrem Tod vergeblich auf das, was sie sich am meisten wünschen: einen liebevollen Menschen an ihrer Seite.

Immer wieder werden in den sozialen Netzwerken Bilder und Videos gepostet, die zeigen, wie Tiere von ihren Peinigern am anderen Ende der Welt gequält werden.

Warum ist es so verheerend, Derartiges zu verbreiten? Diese Bilder brennen sich in das Gedächtnis der Menschen ein und können dadurch für schlaflose Nächte, Resignation und depressive Stimmungen sorgen. Sie erwecken Gefühle der Wut, der Trauer, des Hasses und des Ekels, denn wir können derartige Taten nicht verhindern. Zudem können sie Tierquäler dazu anregen, Ähnliches zu tun.

Indem die vermeintlichen Tierschützer den Fokus auf die Gräueltaten richten, die sie eigentlich verabscheuen, geben sie Energie hinein. Letztlich darf auch reflektiert werden, warum sie möchten, dass andere beim Anblick dieser Bilder genauso leiden wie sie selbst. Ich breche konsequent jeden Kontakt zu Personen ab, die derartige Medien verbreiten, und kann nur hoffen, dass sie sich eines Tages besinnen und ihre Energie für etwas Sinnvolles einsetzen, statt für noch mehr Leid zu sorgen.

Aus Tierliebe darf kein zusätzliches Tierleid entstehen.

Unsere Hunde und Katzen

Tierfreundlich füttern – wie funktioniert das? Wenn wir fleischliebende Haustiere wie Hunde oder Katzen besitzen, kommen wir schnell in einen Zwiespalt, wenn es um deren Fütterung geht. Es gibt sicher einige wenige Ausnahmen, in denen allergiegeplagten Hunden eine vegane Ernährung geholfen hat, trotzdem kann ich diese Form der Ernährung nicht allgemeingültig empfehlen. Der Hund ist kein Mensch, er hat den Verdauungstrakt und das Gebiss eines Carnivoren, auch wenn er sich mittlerweile zu einem Allesfresser entwickelt hat, der gemäß seiner individuellen oralen Toleranz* auch pflanzliche Nahrung vertragen und verwerten kann. Katzen sind 100%ige Fleischfresser, und veganes Trockenfutter stellt für ihre Gesundheit eine Katastrophe dar.

Ich habe einige Jahre in dem Hofladen eines Bioland-Bauernhofes gearbeitet und gesehen, wie glücklich Weiderinder und freilaufende Hühner dort leben. Ich persönlich kann es mit meinem Gewissen vereinbaren, wenn ich Fleischreste, Innereien und Knochen verfüttere, die von solchen Tieren stammen. Sie hatten ein wunderschönes, teilweise auch langes Leben und stellten sich dann als Nahrung zur Verfügung. Ich sehe den Tod nicht als Strafe, sondern als Teil des Lebens. Auch wir werden eines Tages unseren Körper verlassen. Wichtig ist, dass wir mit sämtlichen Tieren respektvoll umgehen und ihnen dankbar sind. Wenn wir Hunde oder Katzen als Haustiere halten, sollten wir einen Weg finden, der für alle Beteiligten vertretbar ist. Für mich stellt es z. B. bei der Hundefütterung einen guten Kompromiss dar, den pflanzlichen Futteranteil zu erhöhen und etwas weniger,

---

* Die orale Toleranz wird in den ersten Lebensmonaten entwickelt, in denen die Darmschleimhaut die Lebensmittel in »Nahrung« und »Allergen« einteilt.

dafür aber biologisches Fleisch zu verfüttern und ganz auf solches aus der Massentierhaltung zu verzichten.

Gibst du einer jungen Katze ein Zuhause, füttere sie von Beginn an mit gesunder Nahrung, damit sie sich gar nicht erst an minderwertiges, zucker- und lockstoffhaltiges Industriefutter gewöhnt. Hat deine Katze bereits eine Futterprägung, kannst du dir aus meinem Ratgeber* zahlreiche Tipps für eine Futterumstellung holen. Bei Bedarf kannst du auch einen Ernährungsberater für Tiere zurate ziehen. Sollte deine Samtpfote trotz sämtlicher Tricks keine gesunde Nahrung anrühren, verzweifle nicht, und gib ihr das Futter, das sie mag, denn wenn du sie und dich dauerhaft stresst, ist das keinem von euch dienlich.

---

* »Katzen – Seelengefährten und Herzeroberer – Ganzheitlicher Praixs-Leitfaden«, erschienen im Schirner Verlag.

Fühlst du dich, was den Umgang mit deinen Tieren betrifft, manchmal hilflos, kannst du die Übung »Ohnmachtsgefühle in Liebe verwandeln« (S. 149) machen.

Tierliebe beginnt bei der Wahl des Tieres. Ich kann es nicht oft genug sagen: Einen mit Liebe gezüchteten, zwei bis drei Monate lang inmitten seiner Eltern und Geschwister aufgewachsenen Welpen gibt es nicht für 250 Euro. Suche bitte erst gar nicht nach solchen Angeboten. Wer Welpen für wenig Geld kauft, unterstützt ein unsägliches Tierleid. Diese Hunde sind meistens krank und verhaltensgestört, viele landen im Tierheim, weil die Besitzer überfordert sind oder für die Tierarztkosten nicht mehr aufkommen können. Wenn du unbedingt einen Welpen haben möchtest, dann kaufe ihn bitte nur bei einem Menschen, der Ahnung vom Züchten hat und den Nachwuchs seiner Hündin liebevoll betreut und ernährt, bevor er ihn in allerbeste Hände abgibt.

Vielleicht wartet in einem unserer Tierheime aber auch dein Seelenhund oder eine zauberhafte Katze auf dich. Schaue doch einfach einmal nach.

Das deutsche Tierschutzgesetz

Unser Land hat den Tierschutz im Gesetz verankert, was löblich ist. §1 besagt, dass niemand einem Tier ohne vernünftigen Grund Schmerzen, Leid oder Schaden zufügen darf. §2 fixiert die den jeweiligen Bedürfnissen angemessene Bewegung, Ernährung, Pflege und Unterbringung.

Doch wo beginnt Tierleid? Leiden Tiere nicht auch in viel zu kleinen Zoogehegen? Warum sind Tiere in Zirkussen noch nicht verboten worden? Sind die fast 400.000 Jagdscheininhaber in

Deutschland wirklich nötig, und ist deren Hauptanliegen tatsächlich die Regelung des Tierbestandes?

Der Meeresbiologe und Verhaltensforscher Karsten Brensing legt in seinen Büchern sehr gut dar, dass Tiere körperliches und seelisches Leid empfinden, dass sie empathisch und intelligent sind und sich sogar in das Gefühlsleben eines Artgenossen hineinversetzen können (Theory of Mind). In der Vergangenheit wurden allerdings viele Studien fehlerhaft durchgeführt. Die Intelligenz eines Schweines lässt sich nicht anhand dessen beweisen, ob es sich am Kopf kratzen kann. Und nur weil Fische keine Schmerzlaute von sich geben, die das menschliche Gehör wahrnehmen kann, bedeutet das nicht, dass sie keine Schmerzen empfinden.

Sicherlich erhalten auch die Tiere in einigen deutschen Privathaushalten nicht die angemessene Bewegung und Ernährung. Und angesichts eines Überangebotes an Chemiecocktails in Form von Parasitenmitteln und Medikamenten für Haustiere ist es unklar, wo Fürsorge aufhört und Schädigung beginnt. Viele Tiere müssen unter der Unwissenheit und dem fehlenden Bewusstsein der Menschen leiden, Versuche an Millionen von Tieren in deutschen Versuchslaboren werden jedoch ganz bewusst durchgeführt.

Sind Tierversuche sinnvoll?

Kaum eine Frage lässt sich mit einem deutlicheren Nein beantworten. Ich beschäftige mich bereits seit Jahren damit, aber es ist mir noch immer ein Rätsel, warum der deutsche Gesetzgeber für jedes neue medizinische Produkt Tierversuche vorschreibt, obwohl zu den enthaltenen Wirkstoffen bereits Studien vorliegen. Laut der Organisation »Ärzte gegen Tierversuche« sind Tierversuche nicht repräsentativ. Schließlich unterscheiden sich Mensch und Maus auf physiologischer Ebene nun einmal grundlegend. Und so beklagen wir pro Jahr Zehntausende Tote durch unerwünschte Nebenwirkungen, und es werden immer wieder Medikamente vom Markt genommen, weil sie bei den Konsumenten große gesundheitliche Schäden verursacht haben, obwohl sie zuvor an Tieren getestet wurden. Selbst bei Versuchen mit menschlichen erwachsenen Probanden lassen sich die Ergebnisse nicht eins zu eins auf Kinder oder alte Menschen übertragen. Es kann der Eindruck entstehen, dass Pharmakonzerne Tierversuche nicht in erster Linie durchführen, um mögliche Nebenwirkungen für den Menschen umfänglich abzuklären, sondern, um sich rechtlich abzusichern, falls die Verabreichung eines ihrer Produkte unerwünschte Folgen nach sich zieht. Tierversuche verschlingen zudem Steuergelder, so stehen der »Deutschen Forschungsgesellschaft« im Jahr rund 3 Milliarden Euro aus der Staatskasse zur Verfügung.

Wir leben in einer technisch hoch entwickelten Zeit und können Medikamente mit dem sogenannten In-vitro-Verfahren längst ohne Tierleid testen. »In vitro« heißt übersetzt »im Reagenzglas« und bedeutet in diesem Zusammenhang, dass schmerzfreie Materie in Form von Zellen, Geweben, Organpräparaten, Mikroorganismen usw. verwendet wird.

In der Vergangenheit konnte man sich darauf verlassen, dass Pflegeprodukte im Biobereich tierversuchsfrei waren. Mittlerweile trifft dies jedoch nur noch auf Marken von Firmen zu, die nicht den chinesischen Markt erobern wollen, denn dort sind Tierversuche für Kosmetika gesetzlich vorgeschrieben. Leider hat sich das Unternehmen »Logocos«, zu dem die Marken »Sante«, »Logona«, »Heliotrop« und »Fitne« gehören, mit dem Kosmetikhersteller »L'Oréal« zusammengetan, um sich auf dem Weltmarkt zu etablieren, wodurch es in meinen Augen das Prädikat »tierversuchsfrei« verloren hat.

So kann Mutter Erde helfen

Wir sollten uns darüber im Klaren sein, dass sämtliche chemisch-synthetisch hergestellten Tabletten, Salben und Sprays nicht nur teilweise gefährliche Nebenwirkungen im Organismus verursachen können, sondern wir mit deren Verwendung auch dazu beitragen, dass grausame Tierversuche durchgeführt werden. Ein Aufkleber auf dem Auto »Tierversuche – nein danke« nützt daher wenig, wenn wir unnötig viele Medikamente bei Beschwerden konsumieren, die genauso gut oder sogar weitaus effektiver mit Naturmedizin behandelt werden könnten. Natürlich – das will ich ausdrücklich klar machen – rede ich hier nicht von Notfallmitteln oder Medikamenten, die bei schweren Erkrankungen lebenswichtig sind und den Betroffenen große Erleichterung bringen. Ich meine z. B. Tabletten, die aus reiner Gewohnheit übermäßig oft und schnell konsumiert werden und mit denen jährlich millionenfach Schmerzen betäubt werden, statt den Sinn des Schmerzes zu erforschen und seine Ursache zu beheben. Die Deutschen konsumieren jährlich frei verkäufliche Schmerzmittel in einem Wert von ca. 1 Milliarde Euro, um Symptome zu unterdrücken.

Für naturheilkundliche Arzneimittel aller Art müssen in der Regel keine Tierversuche durchgeführt werden. Die Ausnahme bilden einige Phytopharmaka, also rein pflanzliche Medikamente, bei denen zu belegen ist, dass z. B. die Sicherheit der Einnahme während der Schwangerschaft gegeben ist. Ansonsten liegen über die Wirkungen von Pflanzen und Heilkräutern so viele Dokumente und Studien vor, dass der Gesetzgeber Tierversuche hierfür nicht mehr vorschreibt. Aus diesem Grund und auch aus Gründen der besseren Verträglichkeit ergibt es daher Sinn, bei einfachen Beschwerden den Weg der Natur zu wählen.

Laut »Statista« lag der Gesamtabsatz von Medikamenten im Jahr 2016 in Deutschland bei 1,54 Milliarden Packungen. Die meistverkauften Arzneimittel lassen sich in einer Top-Ten-Liste wie folgt zusammenfassen:

- Platz eins: sechs Arzneimittel gegen Schmerzen und Fieber (96,8 Millionen, davon 8,8 Millionen Packungen einer bestimmten Kopfschmerztablette)
- Platz zwei: vier Nasensprays (48,9 Millionen)
- Platz drei: zwei Blutdrucksenker (18,1 Millionen)
- Platz vier: ein Schleimlöser (16,6 Millionen)
- Platz fünf: eine Wundsalbe (15,4 Millionen)
- Platz sechs: ein pflanzliches Mittel gegen Nasennebenhöhlenentzündung (10,8 Millionen)
- Platz sieben: ein Schilddrüsenhormonmittel (9,9 Millionen)
- Platz acht: ein Magensäureblocker (9,6 Millionen)
- Platz neun: ein pflanzliches Mittel gegen Verdauungsstörungen (8,4 Millionen)
- Platz zehn: eine pflanzliche Lutschtablette gegen Husten (8 Millionen)

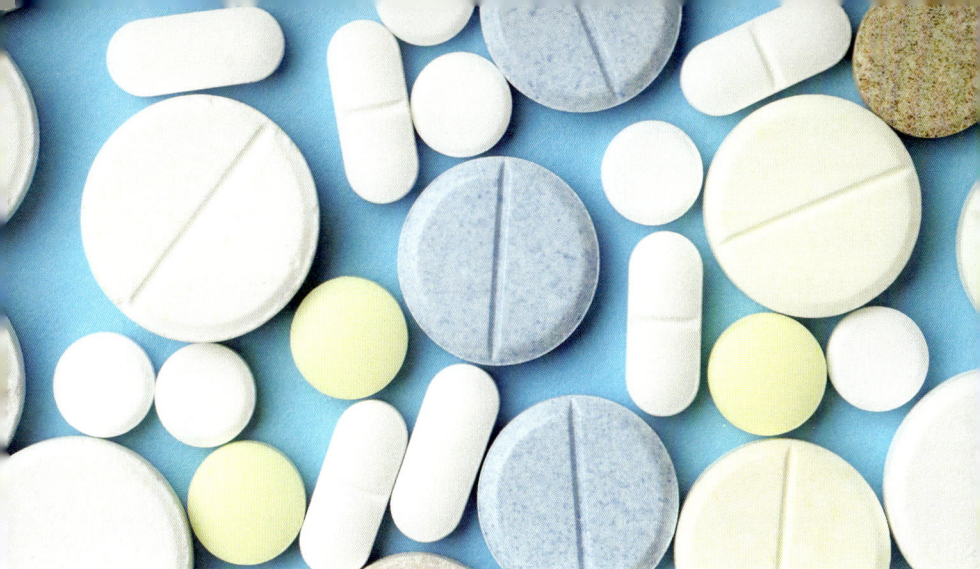

Bis auf die Blutdrucksenker und das Hormonpräparat sind diese Mittel nicht verschreibungspflichtig. Im Folgenden findest du eine kleine Auswahl an alternativen Mitteln und Behandlungsansätzen.

Was hilft bei Schmerzen? Schmerz wird völlig unterschiedlich wahrgenommen und kann diverse Ursachen haben. Stehen wir unter Stress, kann er durch die Ausschüttung von Cortisol erst einmal unterdrückt werden. Kommen wir dann aber zur Ruhe, z. B. nachts oder im Urlaub, macht er sich bemerkbar.

Um im Anschluss an eine Operation oder bei chronischen, degenerativen Erkrankungen einen kaum auszuhaltenden Schmerz zu lindern, stehen uns und unseren Tieren diverse Medikamente zur Verfügung. Leider jedoch greifen die Deutschen nicht nur in solchen Fällen zu chemisch-synthetischen Mitteln. Eher scheint es zur Gewohnheit geworden zu sein, jede Art von Schmerz möglichst schnell abzustellen, ohne sich zu fragen, warum er auftritt. Wer im Berufsleben schnelle Hilfe benötigt, dem sei ein entkrampfendes Schmerzmittel gegönnt. Und ich möchte mir auch nicht anmaßen, den unzähligen unter Migräne leidenden Menschen auszureden, ihre Beschwerden während einer akuten Phase zu lindern. Jedoch gilt es zu beachten, dass die meisten Migränepatienten aus schulmedizinischer Sicht organisch gesund und austherapiert sind. Ich möchte daher dazu anregen, folgende Alternativen in Betracht zu ziehen:

Verspannungskopfschmerzen:

» Bei Verspannungs- und sämtlichen krampfartigen Schmerzen kann Magnesium phosphoricum als Schüßlersalz Nr. 7 oder in homöopathischer D-Potenz bzw. in anthroposophischer Form Linderung bringen.

» Die Justierung der Halswirbel und des kompletten Bewegungsapparates durch einen Dorn-Therapeuten oder Chiropraktiker, der z. B. mit der sanften amerikanischen Chiropraktik arbeitet, empfiehlt sich, denn Kopfschmerzen sind nicht immer die Folge von Störungen in der Halswirbelsäule. Eine Blockade an einer anderen Körperstelle kann hierfür ebenfalls verantwortlich sein.

» Das Massieren des Schulterbereiches bewirkt, dass sich Verspannungen dort lösen. Dazu eignet sich die Verwendung von Johanniskrautöl oder eines anderen fetten Öles, dem z. B. ätherisches Weihrauchöl hinzugefügt wurde. Ingwer wärmt bei Verspannungen, wohingegen Pfefferminze kühlende Linderung bei entzündlichen Prozessen bringt.

» Um einer Übersäuerung und daraus resultierenden Kopfschmerzen entgegenzuwirken, empfiehlt sich das Trinken von warmem Zitronenwasser oder basischem Kräutertee in Verbindung mit großen Mengen an stillem Wasser und dem Nehmen eines basischen Voll- oder Fußbades.

Katerkopfschmerzen:

» das Trinken von reichlich stillem Wasser, am besten schon während der Party zwischen den Alkoholeinheiten, um einer Übersäuerung und einer Dehydrierung und dadurch entstehenden Kopfschmerzen entgegenzuwirken

» das Trinken von warmem Zitronenwasser oder von flüssigen Basenkonzentraten, um das Zellwasser im Gewebe wieder ins basische Milieu zu regulieren

» die Einnahme von Traubenkernextrakt (OPC) zur Unterstützung der Blutgefäße und als Radikalenfänger

» das Trinken frischer Obst- und Gemüsesäfte und das Essen von frischer, leicht gesalzener Kost, da Alkohol im Körper Wasser und somit auch Mineralstoffe bindet

» die Einnahme von bioverfügbaren Vitalstoffen, um den Körper zu stärken und mit wichtigen Vitaminen, Mineralstoffen und Spurenelementen zu versorgen

» Spaziergänge an der frischen Luft, um das Blut mit Sauerstoff anzureichern und den Kreislauf in Schwung zu bringen

Migräne und starke, wiederkehrende Kopfschmerzen:
Neben den vorab genannten Maßnahmen, die du ergreifen kannst, denke bitte auch darüber nach, welche Gedanken dir Kopfzerbrechen bereiten. Jeder Reaktion unseres Körpers liegt ein seelisches Thema zugrunde, das es zu erforschen gilt.
Was geht in deinem Kopf vor? Hast du Angst vor der Zukunft? Kannst du deine Gedanken nicht abstellen? Magst du dein Gesicht nicht? Was denkst du, wenn du in den Spiegel schaust? Findest du deine Falten okay? Hatte deine Mutter auch Migräne, und, wenn ja, gibt es hier vielleicht einen dir unbewussten Zusammenhang mit deinen Schmerzen, der auf Mitgefühl oder Wiedergutmachung basiert?

ÜBUNG:

Der Frischekick für den Kopf

Wenn du zu Kopfschmerzen neigst, solltest du immer zwei Fläschchen ätherisches Öl dabei haben, und zwar Pfefferminze oder ein anderes kühlendes Öl deiner Wahl sowie Zitrone, damit du schnell reagieren kannst. Sollte der Druck in deinem Kopf immer größer werden, ziehe dich für fünf Minuten an einen ruhigen Ort zurück, trinke ein großes Glas stilles Wasser, setze oder lege dich bequem hin, und mache folgende Übung:

Gib einen Tropfen des kühlenden Öles in deinen Nacken und einen weiteren auf dein Drittes Auge, den Punkt zwischen den Augen. Verreibe einen Tropfen Zitronenöl in deinen Handflächen, und schließe deine Augen. Forme dann deine Hände zu einer Schale, und atme den Duft durch die Nase mehrmals tief ein.

Öffne nun in deiner Vorstellung dein Kronenchakra, dein Energiezentrum in der Mitte der Schädeldecke, damit der Schmerz und alle damit verbundenen Gedanken und Sorgen abfließen können. Stelle dir dabei vor, wie dein Kopf beim Einatmen von erfrischendem Gletscherwasser durchströmt wird, das beim Ausatmen durch den Mund zusammen mit dem Schmerz in Richtung Himmel fließt und sich auflöst.

Mache diese Übung so lange, bis du Erleichterung verspürst. Trinke anschließend ein weiteres großes Glas stilles Wasser, und schließe dein Kronenchakra im Geiste. Sollte dir das Trinken von reinem Wasser schwerfallen, kannst du einen Spritzer Zitrone hinzugeben. Im Biohandel gibt es auch köstliche Sirupe und ungesüßte Obstsäfte, die du hinzugeben kannst, um dir das Trinken zu erleichtern.

Du kannst diese effektive Visualisierungsübung auch ohne ätherische Öle und an jedem Ort durchführen: daheim, auf der Arbeit oder im Auto auf einem Parkplatz.

Rückenschmerzen:
- die Justierung des kompletten Bewegungsapparates durch einen Chiropraktiker oder Osteopathen (Diese Behandlung muss mehrfach wiederholt werden, damit sich Bindegewebe und Muskulatur anpassen können und sich die Wirbel nicht wieder verschieben.)

- Massagen, die tief im Gewebe wirken, um dort verklebte Faszien und die verhärtete Muskulatur zu lösen

- die Einnahme von Cannabisöl, das eine entzündungshemmende und schmerzstillende Wirkung hat

- der Besuch einer Rückenschule, um das richtige Tragen von schweren Gegenständen zu lernen und die Muskulatur an den richtigen Stellen zu stärken

- die Bestandsaufnahme von Bettmatratze und Bürostuhl und die eventuelle Anschaffung von ergonomisch gesünderen Möbeln sowie bequemeren Schuhen

- das Ausstatten des Arbeitsplatzes mit Keilkissen oder Sitzball, um die Sitzhaltung zu verbessern, was Linderung verschafft und weiteren Rückenproblemen vorbeugt

Es werden auch Dorn-Breuß-Wochenendausbildungen für Paare angeboten, in denen die Partner lernen, geringe Wirbelverschiebungen beim anderen zu behandeln. Babys, die per Kaiserschnitt auf die Welt gekommen sind, und sogenannte Schreikinder sollten unbedingt einem Chiropraktiker oder Osteopathen vorgestellt werden.

Auch Schmerzen und Verschiebungen, die die Wirbelsäule betreffen, können ein seelisches Hintergrundthema bewusst machen. Vielleicht gibt es in deinem Leben Bereiche, in denen du dich zu sehr verbiegst und zu wenig Unterstützung erhältst. Probleme im unteren Rücken können ebenfalls mit existenziellen Ängsten oder der Furcht vor einer ungewissen Zukunft zu tun haben.*

Schulterschmerzen:
» Wenn der Schmerz von einer versprungenen Sehne herrührt, kann ein Körpertherapeut aus der Chiropraktik oder Osteopathie helfen.

» Bei immer wiederkehrenden Schulterschmerzen ist die seelische Last, die du trägst, wahrscheinlich zu schwer. Hier können psychisch ausgleichende ätherische Öle oder Tees durch die anstrengenden Zeiten helfen. Langfristig solltest du allerdings über private oder berufliche Veränderungen nachdenken und dir professionelle Hilfe suchen.

Regelschmerzen und Bauchkrämpfe:
» Das Trinken von reichlich stillem Wasser sorgt für einen besseren Abtransport der Schlackenstoffe.

» Das Auflegen einer Tesla-Platte auf den Unterleib kann die Krämpfe auf energetischer Ebene lösen.

» Der Halbedelstein Malachit hat aufgrund seiner kristallinen Struktur eine entkrampfende Wirkung. Trage ihn am besten direkt an der Haut.

---

* *Buchtipp: »Heile Deinen Körper – Seelisch-geistige Gründe für körperliche Krankheit« von Louise Hay, erschienen im Lüchow Verlag.*

» Traubenkernextrakt (OPC) unterstützt die Blutgefäße und wirkt als Radikalenfänger.

» Die sekundären Inhaltsstoffe von Weihrauch- und Pfefferminzöl gelangen durch Inhalation in das Blut und lindern den Schmerz.

Allgemeine Schmerzen und Fieber:
Durch einen Infekt will dir deine Seele wahrscheinlich signalisieren, dass du dringend Ruhe brauchst. Auch eine zeitweise erhöhte Temperatur sollte dankbar angenommen werden, denn dadurch werden Krankheitserreger abgewehrt.

» Gönne dir Ruhe, und iss in den ersten beiden Tagen möglichst wenig, damit der Körper die komplette Energie für seine Heilung zur Verfügung hat. Trinke reichlich stilles Wasser, um den Stoffwechsel anzuregen und die durch das Schwitzen verlorene Flüssigkeit zu kompensieren.

» Mache feuchte, kühlende Wadenwickel, die alle 20 Minuten erneuert werden.

» Verneble antiseptisch wirkende ätherische Öle, z. B. Lavendel oder Zitrone, in einem Diffusor. Wenn du parallel dazu ein flüssiges Basenkonzentrat einnimmst, entziehst du den Krankheitserregern die Lebensgrundlage.

Übung:

Heilende Hände

Immer wenn es irgendwo schmerzt, spannt, zieht oder brennt, kannst du einfach deine Hände auf die betroffene Stelle legen. Meist machen wir das ohnehin intuitiv. Das Handauflegen bringt bewiesenermaßen Linderung und wird daher bereits in einigen Kliniken eingesetzt, um die jeweilige Behandlung zu unterstützen.

Legst du einer anderen Person oder einem Tier die Hände auf, visualisiere dich als Kanal, der universelle Heilungsenergie bündelt und weitergibt, indem du dir z. B. vorstellst, dass eine leuchtende Säule durch deine Wirbelsäule führt, die Himmel und Erde miteinander verbindet. So bleibst du bei dir und gibst nichts von deiner eigenen Lebenskraft ab.

Was tun bei einer verstopften Nase? Eine korrekte, tiefe Atmung, bei der sich der Bauch während des Einatmens nach außen wölbt und sich beim Ausatmen in Richtung Nabel zusammenzieht, ist sehr wichtig für unser Wohlbefinden. Kurzatmigkeit ist nicht nur unangenehm, sondern kann im schlimmsten Fall Herzrhythmusstörungen auslösen, die wiederum Panikattacken nach sich ziehen können. Daher ist es wichtig, dass unsere Nebenhöhlen frei sind und wir tief und gut atmen können.

» Verwende ein Neti-Nasenkännchen aus Keramik, um täglich oder bei Bedarf eine Nasenspülung durchzuführen. Löse dafür eine Messerspitze Meer-, Kristall- oder Basensalz in warmem Wasser auf.

» Bei akuter Nasennebenhöhlenentzündung können ätherische Öle wie Thymian, Pfefferminze, Zitrone oder Baumöle Linderung bringen. Verreibe einen Tropfen des Öles deiner Wahl in den Handflächen, und inhaliere den Duft von dort aus, oder verwende einen Diffusor, um die Duftstoffe im Raum zu verteilen.

» Eine chronische Sinusitis kann im Zusammenhang mit einer gestörten Darmflora stehen. Lasse das durch einen Arzt oder Therapeuten abklären.

» Untersuche deine Wohnung auf Schimmelpilzbefall, und beobachte deine Reaktion auf bestimmte Lebensmittel oder auch Lebensmittelkombinationen. Es kann z. B. sein, dass Senf an sich okay ist, er aber in Kombination mit Räuchertofu zu Sinusitis oder Bronchitis führt.

Chronisch verstopfte Nebenhöhlen können auch ein Hinweis darauf sein, dass etwas auf seelischer Ebene nicht passt. Hast du von etwas die Nase gestrichen voll? Dann hast du die Wahl, entweder deine Einstellung dazu zu ändern oder für dich stimmige Konsequenzen zu ziehen.

Was senkt den Blutdruck? Neben Übergewicht und minderwertiger Ernährung kann auch dauerhafter Stress die Ursache eines erhöhten Blutdruckes sein. Rauchen und die Einnahme der Antibabypille gefährden die Herzgesundheit ebenfalls. Oftmals liegt eine Kombination aus mehreren Faktoren zugrunde.

» Optimiere deine Ernährung, indem du frische Kost statt Junkfood isst und Fette mit wertvollen Omega-3-Fettsäuren zu dir nimmst. Bewege dich an der frischen Luft, und finde zu einem für dich passenden Gewicht. Es gibt heutzutage tolle Konzepte, um gesund und relativ zügig Pfunde zu verlieren. Ich kenne einige Menschen, bei denen die Blutdrucksenker dadurch überflüssig wurden.

» In der Vitalpilzkunde (Mykotherapie) gibt es blutdruckregulierende Pilze wie Reishi, Shiitake, Auricularia und Maitake.

» Stress- und Konfliktbewältigung sind wichtig, wenn es um die Blutdrucksenkung geht. Fühlst du dich dauerhaft überfordert, hast du vielleicht nicht den richtigen Arbeitsplatz. Bist du innerhalb der Familie großen Belastungen ausgesetzt, könnt ihr gemeinsam Lösungen finden, denn es ist niemandem dienlich, wenn du krankheitsbedingt ausfällst.

» Schon der Verzicht auf koffeinhaltige Getränke kann bereits helfen.

Vorsicht: Der Blutdruck ist bei der ärztlichen Untersuchung durch die Aufregung meist viel höher als normalerweise. Wenn du repräsentative Werte haben möchtest, solltest du ihn über mehrere Wochen zu Hause messen. Lasse dir bitte nicht sofort Blutdrucksenker verschreiben.

Chemisch-synthetische können wunderbar durch 100% natürliche Schleimlöser ersetzt werden. Auswurffördernde, schleimlösende Kräuter sind unter anderem Thymian, Fenchel und Eukalyptus, die wir in Form von ätherischen Ölen, Badezusätzen und Presssäften nutzen können.

Was hilft bei Wunden und Schrammen? Hierfür gibt es viele natürliche Alternativen zum Auftragen:
» Wundsalben aus der Homöopathie und anthroposophischen Medizin
» reines ätherisches Lavendelöl
» Propolis-Suspension
» kolloidales Silber oder Gold
» antiseptische, mineralische Lösung zum Aufsprühen

Was tun bei einer Nasennebenhöhlenentzündung (Sinusitis)?
Neben dem Mittel, das Platz sechs der meist verkauften Arzneimittel in Deutschland belegt, finden bei Sinusitis auch die in dem Absatz »Was tun bei einer verstopften Nase?« (S. 88) aufgeführten Tipps ihre Anwendung.

ÜBUNG:

Gletschersturm für befreites Durchatmen

Nimm dir mehrmals am Tag kurz Zeit, um die Heilung oder Linderung deiner akuten oder chronischen Nasennebenhöhlenentzündung zu unterstützen. Iss ein Stück rohen Rettich, etwas Kohl, Senfkresse oder ein anderes Gemüse oder Kraut, das reich an Senfölglykosiden ist. Diese werden durch sorgfältiges Kauen freigesetzt und haben nicht nur eine krebshemmende Wirkung, sondern fegen wie ein isländischer Gletschersturm durch deine Nasennebenhöhlen und deinen ganzen Kopf. Das gleichzeitige Visualisieren von Eiskristallen, die durch deinen Schädel gepustet werden, verstärkt den Effekt dieser Übung, die sofort für Erleichterung sorgt und die Atmung verbessert.

Was hilft bei Problemen mit der Schilddrüse? Die Schilddrüsenunterfunktion (Hypothyreose) wird meistens bei Frauen diagnostiziert. Auch viele Hunde leiden darunter. Die möglichen Ursachen sind bislang noch nicht ausführlich erforscht und werden teilweise kontrovers diskutiert. Synthetische Zusatzstoffe in der Nahrung sowie Umwelt- und Wohngifte wirken sich neben Jodmangel vermutlich negativ auf die Schilddrüse aus. Dieses kleine, schmetterlingsähnliche Organ befindet sich im Bereich des Halses, dem Zentrum für Ausdruck und Sprache. Ein Zufall ist es sicher nicht, dass hauptsächlich Frauen unter Hypothyreose leiden. Anscheinend haben viele von ihnen trotz Emanzipation noch nicht ausreichend gelernt, ihren Wünschen und Bedürfnissen Ausdruck zu verleihen. Ihr Harmoniebedürfnis lässt sie oftmals das herunterschlucken, was eigentlich gesagt werden will. So ist es kein Wunder, dass sie einen dicken Hals bekommen und sich Blockaden bilden.

Viele Hunde müssen Belastungen durch minderwertiges Futter sowie ein Übermaß an chemischen Mitteln kompensieren, was sich negativ auf die Schilddrüse auswirken kann. Durch eine emotional enge Bindung zu ihren Menschen werden sie außerdem zwangsläufig mit deren Themen konfrontiert. So sind die Parallelen insbesondere zwischen Frauen und Hunden in Bezug auf Hypothyreose nicht verwunderlich.

Die Schilddrüsenunterfunktion kann sich durch Müdigkeit, Abgeschlagenheit, Gewichtszunahme, Verstopfung, Hautirritationen und Haarausfall äußern – und auch nur dann sollte sie behandelt werden. Bevor Schilddrüsenhormone zum Einsatz kommen, kann das winzige, aber wichtige Organ bei Mensch und Hund wie folgt unterstützt und wieder in die Regulation gebracht werden:

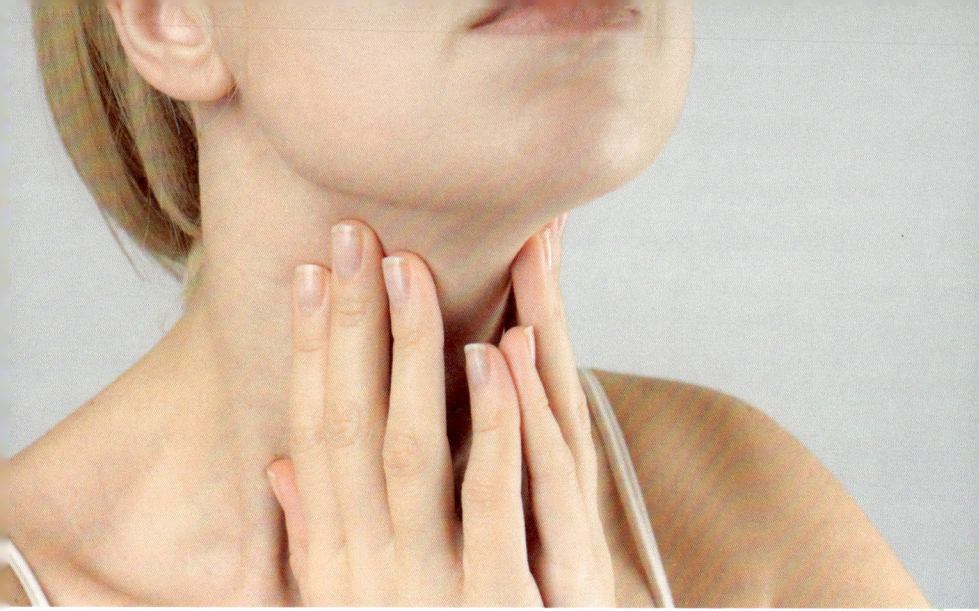

- » die Einnahme von Seealgen oder feinschwingenden Jodummitteln aus der Homöopathie oder Spagyrik, um Jodmangel auszugleichen

- » schilddrüsenregulierende Mittel aus der Homöopathie oder der anthroposophischen Medizin

- » schilddrüsenstärkende homöopathisierte Organpräparate

- » der Vitalpilz Cordyceps aus der Mykotherapie mit seinen hormonregulierenden Eigenschaften

- » Verwendung unbehandelter, frischer Lebensmittel und völliger Verzicht auf Fertigprodukte, was nicht nur gesünder ist, sondern wodurch sich auch eine mögliche negative Wirkung von chemisch-synthetischen Zusatzstoffen auf die Funktion der Schilddrüse ausschließen lässt

» Hunde ebenfalls nur mit frischem Futter ernähren, kein Schlundfleisch oder Hälse jeglicher Art verfüttern, da möglicherweise darin enthaltene Schilddrüsenreste ebenfalls für Irritationen sorgen können

» Stärkung der Schilddrüse durch die Unterstützung des Halschakras mit der Farbe Hellblau, z. B. in Form eines hellblauen Halstuches oder einer Kette mit einem hellblauen Stein (Chalcedon, Aquamarin, Larimar usw.) sowie blauer Farblichtbestrahlung

» Unterstützung des verbalen Ausdruckes durch Gesangsstunden und Workshops zum Thema »Stimmbildung«

» Unterstützung durch einen Coach oder eine Fachperson aus dem Konfliktmanagement, die einen darin unterstützt, das zu sagen, was gesagt werden sollte

» Inneres-Kind-Arbeit, um zu lernen, dass man geliebt wird, auch wenn man eine Ansicht äußert, die das Gegenüber nicht teilt

Bevor du naturheilkundliche Medikamente einsetzt, nimm die Hilfe eines Heil- bzw. Tierheilpraktikers in Anspruch. Außerdem empfehle ich dir zu diesem Thema die Bücher »Die Schilddrüse – Funktionsstörungen ganzheitlich begegnen« und »Auch Männer haben Hormone – Den männlichen Hormonhaushalt natürlich im Griff« meiner Autorenkollegin Sabine Hauswald.

Übung:

Affirmationen für einen starken Ausdruck und eine gesunde Schilddrüse

Mit dieser Übung wird sozusagen die Festplatte deines Gehirnes mit neuen Glaubenssätzen bespielt. Halte einfach jedes Mal, wenn du vor einem Spiegel stehst, kurz inne, und sage zu deinem Spiegelbild einen der folgenden Sätze:

Bei Schilddrüsenproblemen:
»Ich gebe mir die Erlaubnis, laut und deutlich meine Meinung zu sagen.«

Bei Sprachproblemen, z. B. Stottern:
»Ich gebe mir die Erlaubnis, perfekt zu sprechen.«

Bei Stagnationen im Leben oder häufigen Halsbeschwerden:
»Ich gebe mir die Erlaubnis, meiner Kreativität Ausdruck zu verleihen.«

Bei ständiger Selbstkritik:
»Für meine Seele bin ich absolut perfekt.«

Sage diese Sätze immer und immer wieder. Versuche, die Worte in jeder deiner Zellen zu fühlen, und du wirst merken, dass sich mit der Zeit Veränderungen einstellen werden.

Welche Alternativen gibt es zu Magensäureblockern? Abgesehen von mechanischen Erkrankungen im Bereich des Magens, wodurch eine Überproduktion von Magensäure bzw. ein Reflux nicht zu vermeiden ist, sind Magensäureblocker meiner Meinung nach nur im Ausnahmefall nötig. Die Menschen sind größtenteils übersäuert, essen zu viele Fertigprodukte, die sie nicht vertragen, und sind zudem teilweise großem Stress ausgesetzt, was einen Reizmagen nach sich ziehen kann. Außerdem fördert dieser Lebenswandel Sodbrennen. Als erste Hilfe können Basenprodukte in flüssiger Form eingenommen werden. Diese sollten jedoch nicht als Dauerlösung betrachtet werden. Langfristig gesehen kann ein gutes Stressmanagement hier sehr effektiv sein. Wenn einem wortwörtlich und auch im übertragenen Sinne ständig die Galle hochkommt, sollte man außerdem überlegen, was im Leben nicht rund läuft und ob man seine Toleranzschwelle nicht durch therapeutische Maßnahmen, Meditation, Yoga oder naturheilkundliche Unterstützung erhöhen will.

Magensäureblocker bzw. Protonenpumpenhemmer sollen laut Beipackzettel nicht länger als 14 Tage eingenommen werden. Manche nehmen sie aber über Jahre hinweg ein. Auch Hunden werden diese Medikamente verabreicht, sobald sie etwas häufiger aufstoßen. Dabei ist bei ihnen ebenfalls eine Fehlernährung kombiniert mit Stress ausschlaggebend. Hemmt man beim Hund auf medikamentösem Weg die Bildung der Magensäure, haben Erreger und Bakterien freie Bahn und besiedeln den Darm mit pathogenen Keimen, was in der Regel zu erheblichen Verdauungsproblemen führt.

Reizmagen oder Verdauungsstörungen? Hier wirken Kräuterextrakte, ätherische Öle und Fenchel-Anis-Kümmel-Tee als Akutmittel sehr gut. Um die Verdauung zu unterstützen, eignen sich außerdem Bitterstoffe, da diese die Produktion von Ver-

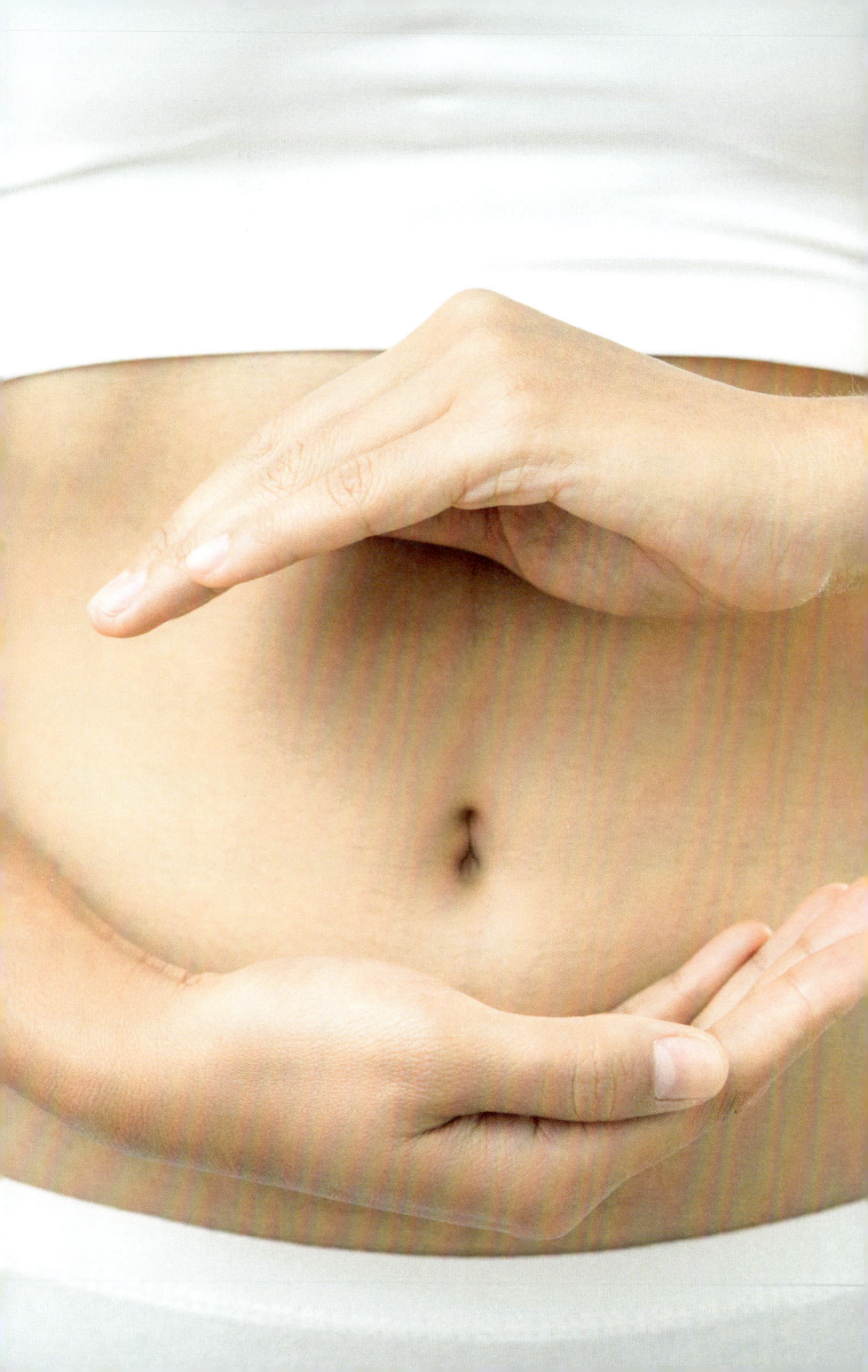

dauungssäften anregen. Leider befinden sich im handelsüblichen Gemüse kaum noch Bitterstoffe, da diese herausgezüchtet wurden. Presssäfte, Urtinkturen oder Smoothies mit Löwenzahn und Artischocke bieten sich hier als Alternativen an. Ein dauerhaft rebellierender Magen kann uns auf schlecht verträgliche Nahrungsmittel und ein Übermaß an Stress hinweisen. Langfristig ignoriert oder unterdrückt durch Magenpräparate, wird sich der Körper jedoch ein anderes Ventil suchen.

Was lindert Husten? Das Mittel auf Platz zehn wirkt durch die Kraft des Efeus. Alternativ können bei Husten und Bronchialerkrankungen ätherische Öle zum Vernebeln, Inhalieren oder als Badezusatz eingesetzt werden. Auch das Inhalieren mit Salzwasser ist sehr wirksam. Wichtig ist, sich zu schonen, bis die Beschwerden abklingen. Im Falle von häufigen Bronchialerkrankungen, die nichts mit einer Allergie zu tun haben, ist es ratsam, einmal zu hinterfragen, wer oder was einem die Luft zum Atmen nimmt. Vielleicht ist es unterschwellige Trauer, die noch verarbeitet werden muss, oder ein Ahnenthema, das mithilfe einer systemischen Aufstellung gelöst werden kann.

Krebs

Allein in Deutschland werden jährlich fast eine halbe Million Krebsdiagnosen gestellt, und über 200.000 Menschen sterben an den Folgen von Tumoren. Laut der »World Health Organization« erkrankten 2018 weltweit über 18 Millionen Menschen an Krebs – Tendenz steigend. Schon das Wort »Krebs« sorgt für Todesangst und wird von uns unbewusst mit einem Todesurteil gleichgesetzt, was die Heilung deutlich erschwert. Früherkennungsmaßnahmen wie die sogenannten Vorsorgeuntersuchungen haben innerhalb der letzten zehn Jahre keinen ersichtlichen Erfolg gebracht, denn die Zahl der Krebstoten steigt weiter.

Den Menschen wird suggeriert, dass Untersuchungen Vorsorgemaßnahmen seien, was aber meiner Meinung nach nicht zutrifft. Die Vorsorge betreiben wir selbst, und zwar, indem wir Stress kompensieren, Körper und Seele hegen und pflegen und eine gute Psychohygiene betreiben. Viele Wissenschaftler haben ihre Bedenken bezüglich der Früherkennungsmaßnahmen geäußert. Nach dem Motto »Wer suchet, der findet« würden Diagnosen von Zellveränderungen und Krebsgeschwüren gestellt, die ohne die aufwendige Suche wahrscheinlich niemals entdeckt worden wären, aber mit großer Sicherheit auch keinerlei Schaden angerichtet hätten. Natürlich haben Krebsvoruntersuchungen zahlreichen Menschen das Leben gerettet. Auf der anderen Seite gibt es aber auch immer mehr Frauen über 50, bei denen eine Brustbiopsie (Entnahme von Gewebe aus der Brust) oder sogar eine Mastektomie (Amputation der Brust) durchgeführt wird, weil angeblich etwas Auffälliges gefunden wurde. Ich rate in jedem Fall dazu, eine Zweit- und Drittmeinung einzuholen, bevor man sich unter das Messer legt.

Was genau versteht man unter »Krebs«? Man verwendet den Begriff, wenn Körperzellen unkontrolliert wachsen und gesundes Gewebe zerstören. Unter anderem wird diskutiert, ob Krebs durch Parasiten, Viren und Bakterien entstehen kann.[*] Des Weiteren vertreten einige Mediziner die Ansicht, dass seine Entstehung nur in einem sauren Zellmilieu möglich ist und die Heilung eines basischen Milieus bedarf.[**] Ich selbst sehe es auch so. Warum

---

[*] Theorie der Wissenschaftlerin Tamara Lebedewa
[**] Für den Nachweis, das Krebszellen in einem basischen Umfeld nicht überleben, erhielt Dr. Otto Warburg bereits 1931 den Nobelpreis in Medizin.

lehne ich mich so weit aus dem Fenster? Weil ich Betroffene kenne, die durch vollwertige, getreide- und zuckerfreie, vegane Ernährung mit biologischen, frischen Lebensmitteln, Hülsenfrüchten und gesunden Fetten wieder komplett gesund wurden. Sogar bereits vorhandene Metastasen wurden eingekapselt.

Vieles ist möglich, wenn genug Lebenswillen vorhanden ist. Erreicht den Menschen eine Krebsdiagnose inmitten einer anstrengenden Lebensphase, ist eine psychologische Begleitung daher unerlässlich. Die seelischen Hintergrundthemen sollten stets betrachtet werden, damit dauerhafte Heilung möglich wird. In Deutschland, z. B. in Bad Aibling, in Österreich und der Schweiz gibt es ganzheitlich orientierte Privatkliniken, die auch austherapierte Krebspatienten mit guten Erfolgsquoten behandeln.

Bei Tieren, die Gewebstumore haben, können ebenfalls große Heilungserfolge erzielt werden, wenn man das Zellmilieu durch Basenflüssigkeiten, z. B. »AnoKath Liquid«, ins Alkalische reguliert und neben gesunder Ernährung den Organismus durch Vitalstoffe und homöopathische Organpräparate stärkt.

Im Zeichen der Natur ist vieles möglich.

Gesundheitsprävention

Das Beste, was du für dich selbst, andere Menschen, die Tiere und die Umwelt tun kannst, ist eine alle Ebenen einschließende gesunde Lebensweise. Sie macht dich glücklich, bewahrt Tiere vor Leid und das Grundwasser vor Medikamentenrückständen. Auch wenn uns das ein oder andere gesundheitliche Thema in die Wiege gelegt wurde, so haben wir doch einen entscheidenden Einfluss auf unsere Gesundheit – sowohl bei der Prävention als auch bei der Heilung von Krankheiten. Unser Körper ist hochintelligent, er weiß, was bei einer Krankheit zu tun ist, und du kannst ihn dabei wirkungsvoll unterstützen.

Nutze deinen Geist positiv. Wir alle wissen, wie gut Placebos, also Medikamente ohne Wirkstoffe, helfen können. Allein die Vorstellung, ein heilendes Mittel zu sich zu nehmen, reicht oft aus, um eine Gesundung herbeizuführen. Bedauerlicherweise nutzen viele Menschen die Kraft ihres Geistes nicht für ihre Heilung. Unbewusst geben sie ihren Ängsten die Macht über ihren Körper und sind davon überzeugt, krank zu werden, weil z. B. die Mutter oder Großmutter es auch war. Durch ihre Vorstellungskraft wird sozusagen ihre innere Festplatte falsch programmiert, was tatsächlich dazu führen kann, dass sich Krankheiten manifestieren.

Werde dir dessen bewusst, und nutze deine Vorstellungskraft und deinen Lebenswillen, um gesund zu bleiben oder zu werden. Wie? Beginne damit, in den Spiegel zu schauen und zu sagen: »Danke für meinen gesunden Körper!«

Vertraue deinen Selbstheilungskräften, und übernimm Eigenverantwortung. Lasse dich in deiner Körperwahrnehmung nicht beeinflussen. Wenn du die Prognose erhältst, dass deine Heilungschancen gering sind, du aber spürst, dass du gesund werden wirst, dann vertraue deinem Empfinden. Jeder von uns bildet eine faszinierende Einheit aus Körper, Geist und Seele, und in uns schlummern Kräfte, die wahre Wunder bewirken können.

Die Gesundheit sollte in unserem Leben an erster Stelle stehen, denn ohne sie wird alles andere unwichtig. Verantwortung für sich selbst zu übernehmen, heißt in meinen Augen daher auch, die Behandlungen beim Chiro- oder Heilpraktiker sowie naturheilkundliche Medizin selbst zu bezahlen, wenn die Krankenkasse die Kosten nicht übernimmt. Kaufe dir den orthopädischen Bürostuhl selbst, wenn dein Arbeitgeber ihn nicht zahlen will – auch dann, wenn dein Gehalt nicht allzu hoch ist und du dafür vielleicht auf den nächsten Urlaub verzichten musst. Es ist dein Rücken, und es sind deine Schmerzen! Willst du gesund sein oder dich als Opfer deines Chefs fühlen? Gefühlte Ohnmacht ist ein weitverbreitetes Thema, und sie basiert auf der Überzeugung, klein und unwichtig zu sein, nichts verändern zu können. Damit muss nun Schluss sein, denn die Welt braucht uns in unserer vollen Kraft.

ÜBUNG:

Raus aus dem Opferdasein

Aus dem Kundalini-Yoga stammen viele kraftvolle Mantras*, die uns dabei unterstützen, uns selbst wahrzunehmen, Glück und Gesundheit in unser Leben zu ziehen und belastende Gefühle loszulassen. Eines davon lautet »Wahe Guru, Wahe Jio«. Von Snatam Kaur gibt es eine wunderschön gesungene Version davon.

Setze dich gemütlich hin, erde dich, und stimme dich ein. Höre dir das Mantra mit geschlossenen Augen einfach nur an, oder chante es laut oder im Geiste mit. Lasse dich in eine andere Welt entführen, und spüre die Kraft, die von den Silben ausgeht.

---

* *Der Begriff »Mantra« kommt aus dem Sanskrit und bedeutet »Spruch«, »Lied« oder »Hymne«. Er bezeichnet eine heilige Silbe, ein heiliges Wort oder einen heiligen Vers, der wiederholt gesungen wird, um spirituelle Kräfte im Diesseits zu manifestieren.*

Forme deine rechte Hand zu einer Schale, und visualisiere darin die Gefühle und Überzeugungen, die du nicht mehr benötigst und an das Universum abgeben möchtest. Bewege die Hand mit jeder Silbe in Richtung Schulter, und stelle dir dabei vor, wie du den Inhalt hinter dich wirfst. Dann lasse die Hand sinken, und beginne erneut.

Wiederhole dieses Mantra und die Handbewegung so lange, bis du bereit bist, Schöpferkraft in dein Leben zu holen. Stelle dir dann vor, wie du mit der Hand kreative, schöpferische Energie aus dem Universum zu dir ziehst, und lasse sie von deiner Hand hinab in deinen Schoß gleiten – immer und immer wieder, bis du dich gut fühlst.

Du kannst diese Übung täglich durchführen oder dir auch nur das Mantra anhören und es auf dich wirken lassen.

Wir selbst wollen nicht bevormundet werden, daher sollten wir unsere Mitmenschen stets in ihrer Verantwortung lassen. Auf Wunsch können wir Ratschläge geben, aber ansonsten sollten wir vorleben, was uns wichtig ist. Kinder und Tiere allerdings können nicht für sich selbst entscheiden. Sie sind komplett abhängig von ihren Bezugspersonen. Was sie hinsichtlich der Themen »Ernährung« und »Impfen« betrifft, gibt es unterschiedliche Ansichten. Hier muss jeder selbst nach bestem Wissen und Gewissen für seine Schutzbefohlenen entscheiden. Solltest du aber mitbekommen, dass Kinder oder Tiere vernachlässigt oder gar gequält werden, schaue bitte nicht weg, sondern mische dich umgehend ein, und sorge dafür, das ihnen geholfen wird.

Sorge für eine gute Darmgesundheit. Unverträglichkeiten, Darmentzündungen, die Einnahme von Antibiotika, Stress, aber auch der Einsatz von Glyphosat begünstigen bei Mensch und Tier eine Dysbiose (Verschiebung eines ausgewogenen Verhältnisses von guten und bösen Bakterien) im Darmmikrobiom. Meist fehlen gute Lakto- und Bifidobazillen sowie Enterokokken, wodurch sich pathogene Keime vermehren können. Die Folge kann Durchfall sein, der auf Dauer zu chronischen Entzündungen im Darm und dadurch wiederum unter anderem zu Allergien führen kann.
Die Gesundheit des Darmes ist überaus wichtig, denn hier wird nicht nur die Nahrung verwertet, sondern er steht auch im engen Zusammenhang mit dem Immunsystem und dem emotionalen Empfinden. Ein Heilpraktiker bzw. Tierheilpraktiker kann dir und deinem Tier im Falle einer Dysbiose helfen.

Frische Kräuter, Kräuteressenzen und Kuren mit Propolis, »Kanne Brottrunk« und effektiven Mikroorganismen wirken krankheitsvorbeugend, indem sie für ein gutes Darmmilieu sorgen.

Wenn es um die Darmgesundheit geht, kommt man nicht umhin, auch über Glyphosat zu sprechen. Was beide miteinander zu tun haben? Meiner Erfahrung nach und wissenschaftlichen Studien zufolge eine ganze Menge. Es vernichtet nicht nur Pflanzen, die nicht gentechnisch verändert wurden, mit Ausnahme von Clostridien und Salmonellen[*], die gegen Glyphosat immun sind, tötet es auch sämtliche Bakterien. Das komplette Mikrobiom von Mensch und Tier gerät aus dem Gleichgewicht. Bei Hunden, die durch frisch gespritzte Felder laufen oder Gras vom Feldrand fressen, können die Auswirkungen verheerend sein.

In den Medien wird ständig diskutiert, ob Glyphosat krebserregend sei, was etliche Wissenschaftler bereits bewiesen haben und auch durch die Schadensersatzzahlung von 2 Milliarden Dollar des Pharma- und Agrarchemiekonzerns »Bayer/Monsanto« an ein krebskrankes Paar in den USA bestätigt wurde. Leider

---

[*] Monika Krüger, Jürgen Neuhaus, Arwad Shehata, Wieland Schrödl: Glyphosat – Wirkung des Totalherbizids auf Menschen und Tiere, Institut für Bakteriologie und Mykologie Universität Leipzig (Forschungsarbeit).

scheint sich die Regierung in unserem Land nur für die geschönten Studien der Pestizidhersteller und die Belange des »Deutschen Bauernverbandes« zu interessieren. Dass Glyphosat außerdem für unzählige andere Erkrankungen und sogar Entwicklungsverzögerungen bei Kindern* verantwortlich sein kann, bleibt bei der öffentlichen Diskussion außen vor. So hat es bereits das Hormon- und das Immunsystem vieler Menschen und Tiere komplett aus dem Gleichgewicht gebracht, was nicht selten in Autoimmunerkrankungen mündet. Glyphosat belastet außerdem massiv die Entgiftungsorgane Leber und Nieren. Arbeitet die Leber ständig auf Hochtouren, werden langfristig Milz, Pankreas und Magen in Mitleidenschaft gezogen. Viele Menschen haben Diabetes und Magenprobleme, und auch bei Hunden sind Magen- und Darmprobleme, Erkrankungen der Bauchspeicheldrüse (Pankreas) sowie Milztumore stark verbreitet. All dies kann mit dem Einsatz dieser hochgiftigen Substanz in Verbindung gebracht werden.

Es wird derzeit sogar darüber debattiert, ob Zöliakie (Glutenunverträglichkeit) nicht auch eher eine Glyphosatunverträglichkeit sei. Dafür spricht, dass in den letzten Jahren die Zöliakiefälle parallel zum Einsatz von Glyphosat gestiegen sind. Die Symptome der erkrankten Menschen sind identisch mit den Symptomen der Tiere, an denen Glyphosat getestet wurde. Ich weiß nicht, ob eine Wetterbeeinflussung durch Chemtrails real ist oder nicht, aber die Vergiftung von Mutter Erde durch legale Spritzmittel und Gülle ist Fakt – und auch, dass wir das möglichst schnell ändern müssen.

Wir sollten uns mit aller Kraft für ein Verbot von Glyphosat einsetzen, jede diesbezügliche Petition unterschreiben und, sofern es

---

* André Leu: Die Pestizid-Lüge – Wie die Industrie die Gesundheit unserer Kinder aufs Spiel setzt, erschienen im Oekom Verlag.

uns möglich ist, an den großen Demonstrationen gegen den Einsatz teilnehmen. Konventionell angebaute Lebensmittel müssen für uns Verbraucher zum Tabu werden, sonst wird sich an dem jetzigen Zustand nichts ändern. Es ist lebenswichtig!

Das stärkste Antibiotikum der Welt:

ZUTATEN:
Knoblauch (gepresst), Zwiebeln (fein gehackt), scharfe Chilischote (klein geschnitten), frische Kurkumawurzel (geraspelt), frische Ingwerwurzel (geraspelt), frischer Meerrettich (geraspelt)

ZUBEREITUNG: Vermische alle Zutaten zu gleichen Teilen, gib sie in ein Einmachglas, und bedecke sie entweder mit Apfelessig oder Honig. Stelle das verschlossene Glas für zwei Wochen an einen dunklen Ort, und schüttle es täglich, damit sich die Wirkstoffe im Essig oder Honig besser lösen können. Danach kannst du beginnen, kleine Mengen davon langsam im Mund zergehen zu lassen, sobald du spürst, dass sich ein Infekt ankündigt, oder als Kur für zwei Wochen, um dein Immunsystem zu stärken.

Raus aus der Ohnmacht, hinein ins Tun. Beginne noch heute damit, dein gewohntes Handeln zu überdenken und neue Wege zu entdecken. Du wirst sehen, wie glücklich und zufrieden dich dieser Lebenswandel machen wird.

Heilungswege für Mutter Erde und ihre Kinder

Die meisten von uns sind der Meinung, keine großen Veränderungen in dieser Welt herbeiführen zu können. Wir wachsen auf und beginnen zwangsläufig irgendwann damit, uns unterzuordnen, um im Leben bestehen zu können. Das beginnt im Elternhaus und setzt sich im Kindergarten und der Schule fort. Später haben wir den Anweisungen unseres Chefs Folge zu leisten. Das ist ein ganz normaler sozialer Vorgang, ohne den Chaos entstehen würde, denn innerhalb von Gruppen muss es Hierarchieebenen geben. Doch was passiert, wenn die Meinung unseres Vorgesetzten grundlegend von der unsrigen abweicht? Wenn wir merken, dass Überzeugungen der Mehrheit unserer Gesellschaft nicht der eigenen Wahrheit entsprechen? Wenn unsere innere Stimme so laut wird, dass wir sie nicht mehr überhören können? Dann ist der Zeitpunkt gekommen, an dem uns klar werden sollten, dass wir, jeder Einzelne von uns, die Zukunft selbst in der Hand haben. Wenn wir beginnen, uns mit dem Zustand dieser Welt intensiv auseinanderzusetzen, werden wir merken, dass wir nicht allein sind. Immer mehr Menschen wollen aus dem Hamsterrad der ungesunden Gewohnheiten und des unbewussten Konsums aussteigen und andere Wege gehen. Es gibt so viel, was wir ändern können, und wir sollten genau jetzt damit beginnen.

Ein Überblick: Was du ohne grossen Aufwand tun kannst ...

... gegen die Bedrohung der Ozeane, der Meeresbewohner und Korallenriffe:
» Beim Schnorcheln und Tauchen nur schauen, nichts berühren.
» Buche keine Kreuzfahrten. Sie sind umweltschädlich und stören die Orientierung der Meerestiere.
» Sammle Müll an Stränden ein, und entsorge ihn ordnungsgemäß.
» Betrachte den Genuss von Fisch als etwas Besonderes, und iss, wenn überhaupt, vorwiegend heimische Fische aus kontrollierter Aufzucht, um der Überfischung der Meere entgegenzuwirken.
» Vermeide Plastik in jeglicher Form, da dieses oft im Meer landet.

... gegen Plastikmüll, Mikroplastik und Nanopartikel im Grundwasser, in den Ozeanen und Wäldern:
» Benutze Duschgel, Zahnpasta und mineralischen Sonnenschutz aus dem Bioladen, in denen kein Mikroplastik enthalten ist.
» Kaufe unverpackte Seifenstücke für Körper und Haare, und stelle Kosmetik und Haushaltsmittel selbst her.
» Verwende keine Plastiktüten, wenn du einkaufst. Nimm stattdessen z. B. Baumwolltaschen oder Einkaufsnetze.
» Verzichte beim Einkauf möglichst auf Produkte, die in Plastik verpackt sind. Bevorzuge Unverpacktes, und lasse Thekenware in mitgebrachte eigene Behälter füllen.
» Kaufe Getränke und Milchprodukte in Mehrwegflaschen.

- » Kaufe bevorzugt Textilien aus Baumwolle oder anderen natürlichen Materialien.
- » Ersetze Mikrofasertücher durch Bambusfaser- oder Baumwolltücher.
- » Benutze kompostierbare Tüten für Hundekot.
- » Sammle beim Spazierengehen oder Joggen Plastikmüll auf, und entsorge ihn vernünftig.
- » Kaufe To-go-Getränke nur in Pfandbehältern, und verwende wiederverwertbare Strohhalme.
- » Nutze keine überflüssigen Dinge wie Kaffeekapseln.
- » Verwende zum Putzen des Backofens, des Kochfeldes oder sonstiger empfindlicher Oberflächen statt chemischer Mittel Natron (kein Backpulver).

… gegen ein Übermaß an Nitrat im Grundwasser und in den Böden durch Massentierhaltung und Gülledüngung:
- » Verzichte auf Fleisch- und Milchprodukte von Tieren aus konventioneller Haltung. Iss lieber weniger Fleisch, dafür aber biologisches.
- » Iss allgemein so regional, bio und saisonal wie möglich. Ein Tipp: Einige Bauern bauen bereits biodynamisch an, können sich aber die Zertifizierung nicht leisten. Erkundige dich.
- » Unterstütze Bauern, die ihren Hof von konventionell auf biodynamisch umstellen wollen, indem du ihre Produkte kaufst.

… gegen chemisch-synthetische Schadstoffe im Wasser:
- » Kaufe biologisch abbaubare Putzmittel, Waschmittel und Körperpflegeprodukte, oder stelle sie selbst her.
- » Nimm Waschkugeln statt herkömmlicher Waschmittel, und lüfte Pullover und Jacken öfter einmal, statt sie zu waschen, wenn sie nicht verschmutzt sind.
- » Verwende pflanzliche Produkte zum Haarefärben.

… gegen Medikamentenrückstände und Hormone im Wasser:
» Benutze bei einfachen Beschwerden naturheilkundliche Mittel.
» Unterstütze die artgerechte Nutztierhaltung, bei der keine Hormone eingesetzt werden.
» Entsorge chemisch-synthetische Medikamente über die Apotheke oder als Sondermüll.

… gegen Einwegflaschen aus PET:
Allein in Deutschland entsteht täglich ein Müllberg aus 43 Millionen Einwegflaschen. Das sind über 16 Milliarden im Jahr, deren Herstellung etwa 480.000 Tonnen Rohöl und Erdgaskondensate verschlingt.

Diese unglaublichen Zahlen lassen sich ganz einfach reduzieren durch:
» die Installation eines Wasserfilters, mit dem du gereinigtes Wasser selbst in wiederverwendbare Glasflaschen abfüllen kannst. Mit einem entsprechenden Gerät kannst du daraus auch Sprudelwasser herstellen.

» das Kaufen von Getränken in Pfandglasflaschen. Diese müssen zwar vor der Wiederverwendung gereinigt werden, stellen für die Umwelt aber eine wesentlich geringere Belastung dar.

… gegen die Belastung durch Wohngifte:
» Kaufe Teppiche und Vorhänge aus dem Ökohandel.
» Kaufe ökozertifizierte Sitzmöbel und Matratzen.
» Verwende lösungsmittelfreie und wasserlösliche Farben und Lacke für Renovierungsarbeiten.

… gegen Luftverschmutzung und Feinstaubbelastung:
» Nutze für kürzere Entfernungen das Rad, oder gehe zu Fuß.
» Verzichte auf Silvesterböller und -feuerwerk – auch den Haus- und Wildtieren zuliebe.
» Buche keine Kreuzfahrten mit schwerölbetriebenen Schiffen.
» Verzichte auf häufige Flugreisen.

… gegen das Tierleid von Haustieren:
» Nimm die Hilfe von gut ausgebildeten Beratern, Therapeuten oder Medizinern in Anspruch, wenn es um die Ernährung und Haltung deiner Haustiere geht.
» Lies ganzheitlich orientierte Tierratgeber.*
» Kaufe nur einen Welpen, der aus einer liebevollen Aufzucht stammt.
» Wenn du Tierschutzorganisationen unterstützen möchtest, ist das super. Achte aber bitte darauf, dass sie seriös sind.
» Nimm Abstand von Tieren aus Qualzuchten, die kaum Luft bekommen.

---

* Zum Beispiel meine Bücher »Dein Seelenhund zeigt dir den Weg – Ein Praxis-Leitfaden für eine gesunde und glückliche Mensch-Hund-Beziehung« und »Katzen – Seelengefährten und Herzeroberer – Ganzheitlicher Praxis-Leitfaden«, beide erschienen im Schirner Verlag.

- » Besuche mit deinen Tieren private Tierarztpraxen und nicht solche, die von einer Unternehmenskette aufgekauft worden sind, bei der die Umsatzzahlen im Vordergrund stehen und nicht das Wohl der Tiere.
- » Halte Tiere artgerecht, z. B. Kaninchen, Meerschweinchen und Vögel mindestens zu zweit.
- » Lasse deinen Freigängerkater kastrieren, damit er nicht für unerwünschten Nachwuchs sorgt.
- » Verzichte auf Feuerwerk, und vermeide auch andere unnötige laute Geräusche.

… gegen das Tierleid in Mastanlagen, zu kleinen Zoogehegen, Zirkussen und Versuchslaboren:
- » Meide Fleisch- und Milchprodukte, die von Tieren aus konventioneller Haltung stammen.
- » Verzichte auf Zoo- und Zirkusbesuche.
- » Reduziere die Einnahme von an Tieren getesteten chemisch-synthetischen Medikamenten auf ein lebensnotwendiges Minimum.
- » Verzichte auch auf konventionelle Kosmetikartikel, die an Tieren getestet wurden.
- » Kaufe keine Produkte, in denen Daunen verarbeitet wurden.
- » Unterstütze Organisationen wie »Vier Pfoten«, »Ärzte gegen Tierversuche« und den »Deutschen Tierschutzbund«.

... gegen den Braunkohlebergbau und die Rodung von riesigen Waldflächen:
» Stelle auf umweltfreundlichen Strom um. Auch wenn eine komplett umweltfreundliche Stromversorgung derzeit noch nicht möglich ist, so können wir damit ein klares Zeichen setzen.
» Unterstütze friedliche Demonstrationen sowie Petitionen, die sich gegen Rodungen richten.
» Überflute die Bundesbehörden mit E-Mails, in denen du dich gegen den Braunkohleabbau aussprichst.

... gegen Pelztierfarmen und das Verarbeiten von Hunde- und Katzenfellen:
» Verzichte auf Kleidung mit Fellkragen oder -bommel – auch dann, wenn auf dem Etikett steht, dass Kunstfell verwendet wurde, denn leider kann man sich dessen nicht sicher sein.

... gegen die Monopolstellungen von Unternehmen, die teilweise unter sehr schlechten Arbeitsbedingungen produzieren lassen und durch den Internethandel riesige Verpackungsmüllberge produzieren:
» Kaufe vermehrt in lokalen Geschäften, kleinen Läden und in der Buchhandlung deines Vertrauens ein.

... gegen das Insektensterben:
» Unterstütze Organisationen, die sich für ein sofortiges Verbot von Glyphosat und Neonicotinoiden (Insektizide) einsetzen.
» Säe Blumensamen im Garten, auf dem Balkon und auf öffentlichen Plätzen aus. Auf der Internetseite von »Netzwerk Blühende Landschaften« findest du viele Informationen zu Pflanzen, die bei bestäubenden Insekten beliebt sind und ihnen reichlich Pollen und Nektar bieten.
» Rege bei der eigenen Kommune an, die öffentlichen Grünflächen insektenfreundlich zu gestalten.

- » Hänge Nisthilfen für Wildbienen auf. Eine Anleitung zum Selbstbauen findest du z. B. auf der Internetseite von »NABU«.
- » Stelle kleine Schälchen mit Wasser und Steinen oder Murmeln auf, damit die Insekten daraus Wasser trinken können.
- » Spüle Honig- und Marmeladengläser gründlich aus, bevor du sie in den Glascontainer wirfst, damit dieser für Bienen nicht zu einer verlockend duftenden, aber tödlichen Falle wird.
- » Möchtest du vielleicht zum Hobbyimker und damit Gastgeber einiger Bienenvölker werden?
- » Unterstütze Organisationen wie »Greenpeace« oder die »Deutsche Umwelthilfe«, die sich notfalls auch gerichtlich für Umweltbelange einsetzen.

… gegen die Elektroschrottberge in Deutschland und die illegale Ausfuhr von giftigem Elektromüll nach Afrika:

- » Bevor du ein Gerät entsorgst, das kaputt ist, überlege, ob es nicht doch repariert werden kann. Sage Nein zur Wegwerfgesellschaft.
- » Laufe nicht jedem technischen Trend hinterher, sondern nutze dein Smartphone und deinen Laptop für mehrere Jahre. Lasse sie im Falle eines Problems in einer Fachwerkstatt reparieren.
- » Fülle Tonerpatronen auf, statt sie wegzuwerfen, und drucke normale Dokumente in Entwurfsqualität aus, das spart Toner.

… gegen die Ausbeutung ärmerer Länder:

- » Unterstütze Projekte, die auf fairen Handel Wert legen.
- » Verschicke Protestbriefe an die Geschäftsführer deiner Lieblingsmarken, sofern du herausfindest, dass die Arbeiter, die die Waren fertigen, viel zu gering entlohnt werden. Mache deutlich, dass du dies in Zukunft nicht mehr unterstützen wirst.
- » Meide Produkte von Unternehmen, die ärmere Länder ausbeuten, indem sie z. B. dort das Grundwasser abzapfen, um es in deutschen Supermärkten zu verkaufen.

» Verzichte auf den Kauf eines Elektroautos, um z. B. im Kongo den menschenverachtenden und umweltzerstörenden Abbau von Lithium und Kobalt, die für die Akkus benötigt werden, nicht zu unterstützen. Auch eine umweltverträgliche Entsorgung der Akkus ist derzeit noch nicht gewährleistet.

... gegen Umweltzerstörung und Tierleid an Urlaubsorten:
» Wähle Reiseveranstalter, die sich auf nachhaltige Reisen spezialisiert haben. So findest du Hotels und Ferienanlagen, die fair entlohnen, ihren Müll vernünftig entsorgen und bei Ausflügen auf einen achtsamen Umgang mit der Natur Wert legen.
» Bleibe beim Wandern immer auf den Wegen, und hinterfrage Winterurlaubsorte kritisch, denn mancherorts hinterlässt der Skitourismus fatale ökologische Spuren.
» Gib in ärmeren Ländern gute Trinkgelder, damit sich die Lebensbedingungen der Menschen vor Ort verbessern und sie daher offener für Umweltschutzmaßnahmen werden.
» Achte bei Pauschalreisen auf das CSR-Siegel für nachhaltigen Tourismus.

- » Verzichte auf Kutschfahrten, Kamel- oder Elefantenritte und jegliche Fotoshootings mit Tieren, z. B. Löwen oder Affen.
- » Unternimm nur Ausritte mit Pferden, die in einem guten gesundheitlichen Zustand sind und artgerecht gehalten werden.

… gegen verhungernde Eisbären in der Arktis, Hitzewellen in den Ozeanen, Wirbelstürme und weitere Klimakatastrophen:

- » Nutze erneuerbare, umweltfreundliche Energiesysteme, beispielsweise das Heizen durch Wärmepumpsysteme, und leiste somit einen Beitrag zur Verringerung des CO_2-Ausstoßes.
- » Spare Energie durch bewusstes Kochen, Heizen und Beleuchten.
- » Verzichte auf den Konsum von Krill, der in der Antarktis gefischt wird, wodurch Pinguinen, Robben, Blau- und Buckelwalen eine wichtige Nahrungsgrundlage entzogen wird.
- » Unterstütze Organisationen wie »Greenpeace«, die sich für die Errichtung von Schutzzonen in Arktis und Antarktis einsetzen.

… gegen die Rodung von Regenwäldern, um Sojabohnen für die Viehfütterung und Ölpalmen anzubauen:

- » Kaufe weder Fleisch noch Milchprodukte, das von Tieren aus konventioneller Haltung stammt.
- » Verzichte auf konventionelle Produkte mit Soja, dessen Herkunft unklar ist. Kaufe stattdessen Bioprodukte aus nachhaltigen Projekten.
- » Konsumiere Palmöl und Produkte, in denen Palmöl enthalten ist, nur, wenn sie aus nachhaltigen Projekten stammen.

… gegen chemische Ledergerbung in Ländern wie Bangladesh, was katastrophale Folgen für die Gesundheit der Arbeiter, ihrer Kinder und für die Umwelt hat:

- » Verzichte auf Produkte aus oder mit Leder, das nicht nachweislich aus ökologischer Herstellung stammt und pflanzlich gegerbt wurde.

... gegen Kinderarbeit:
» Kaufe fair gehandelte Waren von Firmen, die sich vor Ort um ihre Projekte kümmern und für gute Arbeitsbedingungen sorgen.

Das Thema »Kinderarbeit« gilt es, von mehreren Seiten zu betrachten. Natürlich ist es inakzeptabel, wenn Menschen, ganz gleich welchen Alters, für die gesundheitsschädliche Produktion von billig angebotenen Waren wie Pflastersteine oder Wundkerzen missbraucht werden. Wenn jedoch in Indien ein Junge Ketten auffädelt oder in einer Fabrik arbeitet, weil er nach dem Tod des Vaters seine Mutter und Geschwister ernähren muss, wird es schwierig. Was wäre die Alternative für ihn? Können wir das von unserem Wohnzimmersofa aus wirklich objektiv beurteilen? Wir, die in einem Land leben, in dem so ein Kind eine Halbwaisenrente erhält und von einem sozialen Netz aufgefangen wird? Ich denke, dass es für uns Verbraucher unmöglich ist, alle Produkte daraufhin zu kontrollieren, ob Kinder an der Herstellung beteiligt waren, daher kann ich an dieser Stelle nur empfehlen, Waren von transparenten Produzenten zu kaufen, denen man vertrauen kann.

Wenn es unter all diesen angeführten Möglichkeiten, selbst tätig zu werden, einiges gibt, wozu du nicht in der Lage bist, oder Dinge, auf die du noch nicht verzichten kannst oder willst, dann ist das okay. Mache einfach das, was geht und sich für dich gut anfühlt. Was du bestimmt leisten kannst, ist die Unterstützung der Bauern in deiner Region, die versuchen, aus der Massentierhaltungs- und Agrarlobbytretmühle auszusteigen. Unsere Bauern wurden im Laufe der letzten Jahrzehnte systematisch dazu gebracht, Masse statt Klasse zu produzieren, denn nur dann flossen genug Subventionen aus Brüssel. Der »Deutsche Bauernverband« hat riesigen Einfluss auf die Bundespolitik, die außer ein paar lächerlichen Vorschlägen zum Thema »Tierschutz in der Massentierhaltung« nichts anzubieten hat.

Etwas, was wir alle je nach individueller Einkommenslage tun können, ist die finanzielle Unterstützung von Organisationen, die sich für Umweltschutz und nachhaltige Projekte einsetzen und Druck auf Politik und Lobby ausüben. Besser kann man sein Geld kaum anlegen. Ein paar Euro jeden Monat tun den meisten Menschen nicht weh – für eine Organisation wie »Greenpeace«, »Campact« oder »Ärzte gegen Tierversuche« sind sie aber sehr wichtig. Mache einfach den ersten Schritt in eine neue Richtung.

In welchen Bereichen finde ich bereits Nachhaltigkeit?

Du bist mit deinem Wunsch, Mutter Erde zu helfen, nicht allein, sondern befindest dich in bester Gesellschaft von vielen jungen und älteren Menschen, die auf die Straße gehen, um für einen stärkeren Klimaschutz zu demonstrieren, oder die sich auf vielen anderen Wegen für den Schutz der Umwelt einsetzen.

Magazine und Zeitschriften: Zeitschriften wie »Soziale Verantwortung«, »Green Lifestyle«, »Greenup – nachhaltiger leben!« und »Enorm – Zukunft fängt bei dir an« bieten Interessierten regelmäßig wertvolle Informationen zu Umweltthemen. Auch die »Schrot und Korn«- und »Demeter«-Magazine, die kostenlos im Bioladen ausliegen, sind sehr informativ.

Messen: »Ethical Fashion Show Berlin«, »Ethical Style«, »Fairgoods«, »Fair Handeln«, »Fair Friends«, »Faire Welten«, »Green World Tour«, »Grünes Geld«, »Grüne Woche Berlin«, »Heldenmarkt«, »Vivaness«, »Veggienale« und »WearFair & mehr« – das alles sind Messen, auf denen du Erzeuger, Händler und Dienstleister mit ihren nachhaltigen Angeboten finden kannst. Schaue doch einmal vorbei, und informiere dich über Alternativen zu problematischen Produkten, neuen Trends, Ideen und Entwicklungen in den Bereichen »Lifestyle und Mode«, »Bauen und Sanieren«, »Geld und Versichern«, »Ernährung und Gesundheit«, »Freizeit und

Wohnen«, »Mobilität und Logistik«, »Strom und Wärme«, »Studium und Karriere« und »Gewerbe und Wissenschaft«.

Festivals: Viele Musikfestivals legen heutzutage Wert auf Nachhaltigkeit, bieten vollwertiges und teils veganes Essen an und achten auf Müllvermeidung. Sollte dies auf deinem Lieblingsfestival noch nicht der Fall sein, kannst du dennoch einen Beitrag zum Umweltschutz leisten, indem du dort z. B. ausschließlich Getränke in Pfandflaschen kaufst.

Jobs: Jede Arbeit kann erfüllend sein, wenn das Umfeld stimmt. Auch ein Bürojob hat das Potenzial, sich im Kreise eines tollen Teams, das sich für eine gute Sache einsetzt, zu einer Aufgabe zu entwickeln, die viel Freude bereitet. Teil eines Unternehmens zu sein, das sich Nachhaltigkeit auf die Fahne geschrieben hat, kann für ein wirklich gutes Gefühl sorgen. Mittlerweile gibt es im Internet Jobbörsen, bei denen du nach derartigen Stellen Ausschau halten kannst. Dazu gehören »goodjobs.eu«, »greenjobs.de« und »jobverde.de«. Vom Informatiker über den kaufmännischen Angestellten bis hin zum Berater – hier ist für jeden etwas dabei. Achte darauf, dass du für deine Arbeit möglichst keine übermäßig langen Wege mit dem Auto zurücklegen musst. Pendeln schadet nicht nur der Umwelt, sondern bereitet dir auch Stress. Hast du den Job deines Lebens gefunden, musst aber für ihn jeden Tag eine lange Strecke auf dich nehmen, lohnt es sich, über einen Wohnungswechsel nachzudenken.

Auch junge, noch nicht berufstätige Menschen können sich bereits nachhaltigen Projekten widmen und ihre innovativen Ideen bei den »Green Tec Awards« einreichen. Mittlerweile gibt es sogar Studiengänge wie »Umweltsicherung«, »Nachhaltige Ingenieurwissenschaft« oder »Nachhaltiges Management«.

Wenn du Lust und den nötigen Mut hast, eröffne dein eigenes nachhaltiges Business, z. B. ein Biocafé oder -bistro, ein Biocatering, einen grünen Buchladen oder ein Reisebüro für ökologischen, nachhaltigen Urlaub. Frage in einer Ökobank nach einer günstigen Finanzierung.

Als Firmenbesitzer kannst du deinen Mitarbeitern Elektrofahrräder zur Verfügung stellen. Damit unterstützt du ihre Gesundheit, was krankheitsbedingte Ausfälle reduziert, und entlastest gleichzeitig die Umwelt. Biete ihnen auch gesunde Mahlzeiten an, indem du jemanden einstellst, der diese täglich frisch zubereitet, oder wähle ein Biocatering aus, das deine Firma beliefert.

Banken: Banken wie die »UmweltBank«, die »GLS Bank« oder die »Triodos Bank« wickeln ihre Geschäfte fair, ethisch korrekt und ökologisch ab und investieren auch nur in nachhaltige Projekte und Unternehmen. Hier ist dein Geld gut angelegt, und du kannst dir sicher sein, dass damit keine Waffengeschäfte unterstützt werden.

Hausbau: Wenn du ein Haus bauen willst, erkundige dich über die neuesten Techniken bezüglich erneuerbarer Energien und Heizsysteme, bei denen Erdwärme genutzt wird und die dich unabhängig von Gas- und Ölpreisen machen. Außerdem gibt es Systeme zur Nutzung von Regenwasser und zur Aufbereitung des eigenen Duschwassers. Integrierte Staubsaugsysteme sind nicht nur rückenschonend, du sparst auch Unmengen an Staubsaugerbeuteln ein, was Kosten und Müll reduziert. Niedrigenergieholzhäuser sehen traumhaft schön aus. Auf diesem Sektor gibt es ständig neue Entwicklungen und auch Fördergelder des Bundes. Überlege dir, ob du in deinem Garten nicht einen Schwimmteich anlegen willst, denn dieser bietet dir nicht nur Erholung und Lebensfreude. Er ist gleichzeitig ein Trinkwasserreservoir für Vögel,

Katzen, Insekten und Igel und entwickelt sich im Frühjahr zu einem Biotop, in dem sich Kröten, Libellen und Molche fortpflanzen können.

Krankenkassen: Den gesetzlichen Krankenkassen ist nicht entgangen, dass viele Menschen gute Erfahrungen mit naturheilkundlichen und gesundheitspräventiven Behandlungen machen und dadurch weniger Folgekosten verursachen. Daher gibt es mittlerweile einige, z. B. die »BKK ProVita«, die diverse alternative Leistungen anbieten. Das ist ein Weg in die richtige Richtung. Lasse dich gut beraten.

Weitere gute Projekte:

» Bei der »UmweltDruckerei« kannst du deine Visitenkarten und Flyer nach ökologischen Richtlinien und klimaneutral drucken lassen. Sie setzt bei ihrer Arbeit auf Recyclingpapier, Biofarben, Ökostrom, Ökoreinigungsmittel und Müllvermeidung, investiert in Klimaschutzprojekte und verköstigt ihre Mitarbeiter mit Fairtrade- und Bioprodukten.

» Unter www.diy.vcd.org kannst du ein Projekt einreichen, bei dem es sich um umweltverträgliche Mobilität dreht, um Fördergelder und weitere Unterstützung zu erhalten.

» »ProVeg« ist eine internationale Organisation für bewusste Ernährung mit dem Ziel, den weltweiten CO_2-Ausstoß bis 2040 um 50 % zu reduzieren. In ihren Kampagnen und der Aufklärungsarbeit geht es um Tiere, Umwelt, Gerechtigkeit, Gesundheit und Genuss.

» Die Bildung von Genossenschaften ist eine großartige Möglichkeit, wie Bauern überall auf der Welt besser zusammenarbeiten und voneinander profitieren können. Mittlerweile gibt es auch kleinere Genossenschaftsprojekte, z. B. das Paranuss-Projekt der »Hylea Regenwaldprodukte eG«. Sie setzt sich für die Verbesserung der Lebensbedingungen der Bevölkerung des Amazonasgebietes ein, indem sie den Sammlern ihre Rohware zu fairen Preisen abnimmt, um diese anschließend auf dem Weltmarkt zu verkaufen. Schon mit 100 Euro kann jeder einen Genossenschaftsanteil erwerben und so den Regenwald und die indigenen Völker unterstützen. Als Inverstor erhält man nicht nur eine Dividende, sondern erhält beim Kauf der kerngesunden Paranüsse auch einen Rabatt.

» Es gibt immer mehr Projekte, in denen bedürftigen Menschen Lebensmittel zur Verfügung gestellt werden. Fast jede Stadt hat eine »Tafel«, in der ehrenamtliche Mitarbeiter überschüssige, qualitativ einwandfreie Nahrung verteilen. In den »Tiertafeln« können Menschen, die einen finanziellen Engpass durchleben, Wochenrationen an Hunde- und Katzenfutter abholen.

» In Frankreich gibt es die erste kooperative Supermarktkette, in deren Läden man für einige Stunden mitarbeiten kann und dafür Rabatte beim Kauf der biodynamischen und regionalen Produkte bekommt. Außerdem verzichten immer mehr Supermärkte weltweit auf Plastiktüten. In Ruanda sind Plastiktüten mittlerweile sogar verboten.

» Es gibt immer mehr Wohnprojekte, in denen sich Menschen zusammenfinden, die über den Familienverband hinaus in langfristigen Gemeinschaften zusammenleben möchten. Das ist die Lebensform der Zukunft. Jung und Alt wohnen hier unter einem Dach und unterstützen sich gegenseitig. Wenn du Architekt oder anderweitig im Immobiliengeschäft tätig bist, wäre deine Unterstützung eines derartigen Projektes ein wirklich guter Beitrag für eine bessere Welt.

» Sie ist zwar kein Projekt in dem Sinne, macht jedoch Hoffnung auf eine neue politische Offenheit: die schwedische Kultusministerin und bekennende Umweltaktivistin Amanda Lind, die öffentlich erzählt hat, dass sie gern Bäume umarmt.

Vor der eigenen Haustür kehren

Es liegt in der Natur des Menschen, auf andere zu zeigen und sie zu kritisieren, statt sich an die eigene Nase zu fassen. Aber ist das Roden von jahrhundertealten Wäldern im eigenen Land weniger schlimm als ein abgeholzter Dschungel in Sumatra? Und ist das Leid unserer Nutztiere in Mastanlagen akzeptabler als der respektlose Umgang mit Hunden und Katzen in anderen Teilen der Erde? Ob es um die Pflege von alten oder kranken Menschen, Sterbebegleitung, Tier- oder Umweltschutz geht – in unserem eigenen Land gibt es reichlich zu tun.

In Deutschland werden noch immer Unmengen an chemischen Spritzmitteln für den privaten Einsatz verkauft. Wenn wir selbst aktiv das Grundwasser verseuchen und uns, unsere Kinder und Tiere vergiften, können wir von den Bauern kaum etwas anderes erwarten. Dabei gibt es alternative Möglichkeiten wie beispielsweise Brennnesseljauche, um Schädlinge effektiv von deinem Garten fernzuhalten. Übrigens sind auch sogenannte Unkräuter einfach nur wunderschöne Grünpflanzen. Ein Smoothie aus Löwenzahn, Brennnesseln und Giersch im Frühjahr bringt den Stoffwechsel von Mensch und Hund in Schwung und unterstützt die Entgiftung über die Leber. Wenn du die Pflanzen nicht in deinem Garten haben möchtest, dann mache dir bitte die Mühe, und entferne sie mit der Hand.

Sollte dein Nachbar die Grenzbereiche eurer Gärten mit Pestiziden behandeln, dann solltest du versuchen, mit ihm ins Gespräch zu kommen. Es ist kein Geheimnis, wie gesundheitsschädlich und sogar krebserregend diese Mittel sind. In den USA laufen derzeit Zivilklagen gegen einen Hersteller, und viele werden noch folgen. Lasse dir die Verpestung deiner Umgebung bitte nicht gefallen.

Während es sich bei Glyphosat um ein Unkrautvernichtungsmittel handelt, sind Neonicotinoide Nervengifte, die Pflanzenschädlinge töten, aber man findet sie auch in Spot ons, die Haustieren in den Nacken geträufelt werden, um sie vor Zecken und Flöhen zu bewahren. Krefelder Entomologen (Insektenkundler) haben einen Populationsrückgang bei den heimischen Insekten festgestellt, der zwischen 70 und 90 % liegt. Um die Ungefährlichkeit der Neonicotinoide zu beweisen, wurden völlig unzureichende Versuche durchgeführt, denn diese Nervengifte töten nicht direkt. Sie sorgen für eine Orientierungslosigkeit bei Bienen, wenn diese z. B.

ein mit diesen Wirkstoffen behandeltes Rapsfeld anfliegen. Die Bienen sterben irgendwann völlig erschöpft, weil sie ihr Volk nicht mehr finden können. Wissenschaftler an der »Freien Universität Berlin« haben dies bewiesen.

Ich kann mich nur wiederholen: Der Verzicht auf Lebensmittel wie Fleisch, Getreide, Gemüse, Obst und Milchprodukte aus konventionellem Anbau bzw. der Massentierhaltung würde den Grundstein für den nötigen Richtungswechsel legen. Übrigens sind auch Billigpflanzen aus dem Supermarkt meist mit Neonicotinoiden belastet. Das liegt daran, dass das Saatgut, aus dem sie gezüchtet werden, damit ummantelt wurde und sich die Wirkstoffe während des Wachstums in der ganzen Pflanze verteilen.

Ob es um Umwelt- oder Tierschutz geht, um das zwischenmenschliche Miteinander oder soziale Themen: Globale Veränderungen werden wir nur erreichen, wenn jeder Einzelne mitmacht, das eigene Handeln überdenkt und entsprechend verändert.

> Sei du die Veränderung,
> die du dir wünschst für diese Welt.
> (Mahatma Ghandi)

Weitere Tipps für den ganzheitlich umweltfreundlichen Haushalt

 Wohnung

Reinigung: Im Biohandel gibt es sehr ergiebige Reinigungsprodukte, die nahezu komplett biologisch abbaubar sind. Einen Tropfen antibakterielles ätherisches Öl, z. B. Lavendel, in warmes Wasser gegeben, ergibt ein gutes Wisch- und Putzwasser, mit ein paar zusätzlichen Tropfen Olivenöl pflegt es zudem Holzböden. Bei sehr hartnäckigem Schmutz kannst du etwas Natron und Essigessenz beifügen. Mit pflanzlicher Kernseife lassen sich Textilien gut einschäumen und reinigen.

Energie sparen: Durch das Stoßlüften aller Räume gleichzeitig, das Herunterregulieren der Heizkörper während der arbeitsbedingten Abwesenheit und nachts kann viel Energie gespart werden. Das Gleiche gilt, wenn du deine Kleidung zum Trocknen aufhängst, statt den Wäschetrockner zu benutzen.

Beim Kochen sparst du Energie, indem du die zur Größe des Topfes passende Kochplatte und den passenden Topfdeckel verwendest sowie durch die Nutzung der Restwärme des Elektroherdes oder des Cerankochfeldes. Beispiele:

» Gemüse garen: Das klein geschnittene Gemüse in einem Fett deiner Wahl scharf anbraten, dann mit etwas kochendem Wasser ablöschen. Den Topf mit dem Deckel verschließen und den Herd ausstellen. Durch die Restwärme wird das Gemüse innerhalb der nächsten zehn Minuten zu einem knackigen, köstlichen Gericht, das du anschließend würzen kannst.

» Eier kochen: Eier werden in einem Topf mit kaltem Wasser aufgesetzt. Sobald das Wasser richtig kocht und Blasen wirft, wird der Herd ausgestellt. Die Eier haben eine weiche Konsistenz, sobald das Wasser wieder eine spiegelglatte Oberfläche hat. Bevorzugst du hart gekochte Eier, lässt du sie einfach noch etwas länger in dem heißen Wasser ziehen.

Bei einem Induktionsfeld funktioniert das natürlich nicht. Viele Baubiologen sehen diese neue Technik aufgrund der elektromagnetischen Schwingungen eher kritisch. LED-Leuchten sind genauso sparsam wie Energiesparlampen, enthalten aber kein Quecksilber und geben keine Reize an das Gehirn ab.

Körperpflege

Echte Düfte kreieren – Wohltat auf allen Ebenen: Wenn wir in der Körperpflege und im Haushalt mit ätherischen Ölen in reinster Qualität arbeiten, können wir sie uns auf allen Ebenen zunutze machen. Über die Haut gelangen die Inhaltsstoffe ins Blut, wo sie ihre spezifischen Wirkungen entfalten. Im Reinigungsmittel kommen die antimikrobiellen Eigenschaften der Öle zum Einsatz. Auf ihre Düfte reagieren wir auf psychischer Ebene mit individuellen Wohlgefühlen, Entspannung oder Erfrischung.*

Reinigung und Pflege von Haut und Haar: Abschminken ist mit etwas Kokosöl möglich. Haut und Haare können mit Seifenstücken auf pflanzlicher Basis gewaschen werden, das ist sehr ergiebig und spart Unmengen an Müll. Im Handel gibt es hochwertige fette Öle von verschiedenen Anbietern in Bioqualität, z. B. Mandel-, Jojoba-, Macadamianuss-, Avocado-, Argan- und Granatapfelsamenöl, die den gesamten Körper wunderbar pflegen. Auch das gute, kalt gepresste Olivenöl aus der Küche kann hierfür verwendet werden. Massiere fette Öle immer im Anschluss an das Waschen oder Duschen bzw. nach dem Auftragen eines Hydrolates (Blütenwasser, das beim Destillieren von ätherischen Ölen entsteht) in die leicht feuchte Haut ein, da sie Feuchtigkeit binden. Kleine Mengen davon kannst du vor dem Fönen in die Haarspitzen geben oder als Kur über Nacht einwirken lassen.

---

* Mehr Informationen dazu findest du im Buch »Radikal ganzheitlich entgiften – Körper, Geist und Umfeld reinigen mit ätherischen Ölen« von Karin Opitz-Kreher, erschienen im Schirner Verlag.

Haarefärben: Heutzutage gibt es viele pflanzliche Mittel, die auch weißes bzw. graues Haar komplett abdecken, wenn es gewünscht wird. Auch manche Friseure bieten bereits Pflanzenfärbungen an.

Peeling: In einer selbst hergestellten Peelingcreme sorgt unraffiniertes Salz oder Vollrohrzucker zusammen mit Kokos- oder Olivenöl für einen hautreinigenden und gleichzeitig pflegenden Effekt. Verwendest du basisches Badesalz als Grundlage, reinigst du dich zusätzlich auf energetischer Ebene.

»Nichts darf man« – wenn Herz und Kopf im Zwiespalt sind

Wenn dein Lebenstraum eine Schiffsreise durch die Karibik ist, du jedoch aus Umweltschutzgründen kein Kreuzfahrtschiff betreten willst, überlege dir, ob du nicht an einem Segeltörn teilnehmen willst. Solche Reisen werden von Veranstaltern angeboten, aber auch Privatpersonen suchen manchmal nette Begleiter für ein solches Abenteuer. Übrigens: Der »Naturschutzbund Deutschland e.V.« hat 2018 der AIDAnova vier von vier grünen Schiffsschrauben verliehen, weil es ohne Schweröl auskommt und mit flüssigem Erdgas, das als sauberster fossiler Brennstoff gilt, betrieben wird. Es ist also möglich, schadstoffarme Schiffe zu bauen. Dennoch beeinflussen auch diese die Orientierung der Meerestiere.

Würdest du gern mit deinen Kindern oder Enkelkindern in den Zoo gehen, damit sie zu tierliebenden Erwachsenen heranwachsen? Das ist eine lobenswerte Absicht. Ein guter Mittelweg wäre, eine Anlage auszuwählen, die riesige, annähernd artgerechte Gehege hat, z. B. der »Burgers' Zoo« in Arnheim. Du kannst aber auch konsequent sein und mit den Kindern darüber sprechen, warum ihr keinen Zoo besucht und euch stattdessen heimische Tiere auf einem Biohof anschaut. Ihr könnt euch auch morgens um vier Uhr in der Dämmerung an einen See setzen, um Wasservögel zu beobachten. Oder ihr wandert mit Rucksack und Verpflegung durch den Wald und geht nicht eher wieder nach Hause, bis ihr

Rehe, Eichhörnchen, Spechte und Hasen gesehen habt. Vielleicht möchtet ihr auch im Zelt übernachten, euch morgens vom Gesang der Vögel wecken lassen und dann mit den Baumgeistern meditieren. Dadurch erfahren Kinder die Verbindung zur Natur als etwas Selbstverständliches.

Wenn du mit Kindern liebend gern einen Zirkus besuchen würdest, um ihre glänzenden Augen zu sehen, dann suche einen, der ohne Tiere auskommt und stattdessen wunderbare Akrobatik- und Zaubershows sowie diverse Veranstaltungen für Kinder bietet, an denen sie viel Freude haben werden. Du kannst ihnen auch Wildpferde und Esel in freier Natur oder nistende Störche in Auenlandschaften zeigen.

Magst du den intensiven Geruch deines konventionellen Weichspülers und Duschgeles, obwohl du weißt, dass sie chemisch-synthetisch sind und diverse negative Auswirkungen auf Gesundheit und Umwelt haben, versuche, mit echten ätherischen Ölen ähnliche Dufterlebnisse selbst zu kreieren. Außerdem wartet die moderne Naturkosmetik mit den zauberhaftesten Duftkreationen auf. Gehe doch einmal in einen Bioladen, und schnuppere dich durch die Angebotsreihen.

Du hast die Macht

Das hört sich vielleicht ziemlich abgedroschen an, vor allem dann, wenn wir wieder einmal die Nachrichten geschaut haben und mit schrecklichen Meldungen überhäuft wurden. Trotzdem stimmt diese Aussage. Wir Menschen haben wirklich die Macht, Dinge auf dieser Erde zu verändern. Nicht unser Chef, nicht die Politiker oder der Gesetzgeber – nein, wir selbst können die gewünschten Veränderungen herbeiführen, denn die Nachfrage bestimmt das Angebot. Auch wenn wir uns manchmal wünschen, einfach so nach Herzenslust Dinge tun zu können, ohne sie zu hinterfragen: Bis es auf dieser Welt so weit sein wird, dass nachhaltiges und ethisches Handeln der Normalfall ist, sind wir Mutter Erde gegenüber in der Pflicht, unseren Kopf und unser Herz einzuschalten, bevor wir eine Entscheidung treffen.

»Stelle dir vor, es ist Krieg, und keiner geht hin« – sicher kennst du dieses Zitat. Ob es sich dabei um die Zeile eines Gedichtes des US-amerikanischen Autors und Journalisten Carl Sandburg oder um einen aus dem Zusammenhang gerissenen Satz von Bertolt Brecht handelt, kann ich nicht mit Gewissheit sagen. Ich weiß aber, wie viel Weisheit und Wahrheit sich in diesen Worten verbirgt, und möchte sie gern weiterspinnen:

» Stelle dir vor, der Gesetzgeber schreibt Tierversuche vor, und niemand will sie durchführen.

» Stelle dir vor, im Handel sind weiterhin Pelz- und Lederwaren erhältlich, für die Tiere gequält und Menschen ausgebeutet wurden, und niemand will sie kaufen.

- » Stelle dir vor, der Braunkohletagebau soll noch Jahrzehnte weiter bestehen, und es findet sich niemand, der die riesigen Bagger fahren möchte.

- » Stelle dir vor, die Reedereien weigern sich, ihre Kreuzfahrtschiffe umweltfreundlich umzurüsten, und niemand bucht mehr eine Reise auf ihnen.

- » Stelle dir vor, der Gesetzgeber verbietet Glyphosat und Mikroplastik nicht, und jeder kauft nur noch Ökolebensmittel und -produkte und boykottiert gespritztes Obst und Gemüse.

- » Stelle dir vor, ein großer Konzern zapft den armen Ländern weiterhin das Trinkwasser ab, und niemand kauft mehr seine Produkte, oder die Mitarbeiter legen die Arbeit so lange nieder, bis die Konzernleitung ein ethischeres Verhalten an den Tag legt.

- » Stelle dir vor, die Massentierhaltung wird nicht abgeschafft, aber die Menschen wollen kein Fleisch mehr essen oder nur noch ab und zu ein Stück in Bioqualität.

- » Stelle dir vor, die großen Banken finanzieren weiterhin die Waffenindustrie, und jeder nimmt sein Geld, um es bei Umweltbanken zu investieren.

- » Stelle dir vor, die Waffenindustrie oder die Forschungsinstitute, die Tierversuche durchführen, suchen Mitarbeiter, und niemand will diese Stellen antreten.

Dazu habe ich eine persönliche Geschichte, die ich mit dir teilen will. 2011 war ich auf der Suche nach einer Teilzeitstelle und bewarb mich bei einem Hirnforschungsinstitut mit Sitz auf dem Gelände der »Ruhr-Universität Bochum«. Die Stellenausschreibung klang gut, die gesuchte Person sollte für die Verwaltung der Forschungsgelder und die Betreuung der ausländischen Gäste zuständig sein. Aufgrund meiner guten Englischkenntnisse setzte ich mich gegen mehrere Mitbewerber durch und bekam kurz vor Weihnachten die Zusage per E-Mail. Als ich einen Tag später abends in der Tierheilpraktikerschule saß und wir einen Film über die Funktion und Physiologie des Gehirnes schauten, sagte der Sprecher plötzlich: »Versuche an Tieren haben gezeigt, dass …« Diese Worte trafen mich wie ein Blitz mitten ins Herz. Daheim fand ich durch Internetrecherche heraus, dass das Institut, bei dem ich arbeiten sollte, tatsächlich Versuche an Primaten und anderen Tieren durchführte – und, wenn man den dagegen demonstrierenden Bochumer Studenten Glauben schenken mochte, sogar ziemlich grausame und unnötige, also solche, die der Profilierung dienten und keinem Menschen jemals das Leben retten würden. Wenn ich es im Nachhinein betrachte, hätte ich eher darauf kommen können. Bin ich aber nicht. Vielleicht habe ich die Vorstellung auch einfach verdrängt. Außerdem wurden die Versuche während des Bewerbungsgespräches mit keiner Silbe erwähnt. Noch am selben Abend sagte ich die Stelle ab, obwohl der Arbeitsvertrag bereits zu mir unterwegs war und ich meine damalige Stelle schon vor Wochen gekündigt hatte. Als Grund nannte ich die Unvereinbarkeit der Tierversuche mit meinen ethisch-moralischen Grundsätzen.

Es ist mir völlig gleich, wie ich in Zeiten des Umbruches mein Geld verdienen muss – solange ich mit einem guten Gefühl in den Spiegel schauen kann. Für Mutter Erde und die Tiere einzustehen und einen Beitrag für ein liebevolleres Miteinander zu leisten, macht mich glücklich. Kein Geld der Welt und kein noch so angesehener Job könnten das aufwiegen.

Zu viele schlechte Nachrichten?
Hier kommen gute!

Die Nachrichten, die halbstündlich im Radio und Fernsehen auf sämtlichen Sendern laufen, informieren die Menschen weniger, als dass sie sie verzweifeln lassen. Es wird nur von Kriegen, politischen Streitereien, Unfällen und Gewalt berichtet, dabei gibt es doch auch interessante positive und dadurch motivierende Geschehnisse.

Auf dieser Welt geschieht so viel Gutes. Unzählige Menschen engagieren sich aktiv für die Rettung unseres Planeten, arbeiten als Sterbebegleiter, als Betreuer im Seniorenheim oder als Hundeausführer im Tierheim. Ja, wir haben noch viel zu tun, und Politiker und Lobbyisten werden uns immer wieder Steine in den Weg legen. Doch, wie bereits gezeigt, können wir Verbraucher bewirken, dass Veränderungen stattfinden. Vieles hat sich bereits in den letzten Jahrzehnten verbessert:

» Vorausgesetzt, die positiven Entwicklungen der letzten Jahre dauern an, könnte der Hunger bis 2030 weltweit ausgemerzt sein.

» Mütter- und Kindersterblichkeit haben sich seit 1990 halbiert.

» Die Ozonschicht wird sich aller Voraussicht nach bis 2050 weitestgehend regeneriert haben.

» Es hat sich gezeigt, dass es durchaus möglich ist, die landwirtschaftliche Produktivität zu steigern und gleichzeitig die Umwelt zu schonen.

» Der französische Wald wächst jährlich um 50.000 Hektar, und die Abholzung des Regenwaldes im brasilianischen Amazonasgebiet fiel zwischen 2004 und 2012 um 80 %.

» Im Laufe der letzten 400 Jahre starben weniger als 1 % aller Organismen aus, und in den vergangenen 30 Jahren wurde keine einzige Meerestierart mehr ausgerottet.

» Mehr als 350 vermeintlich ausgestorbene Tierarten wurden wieder gesichtet, und einige vor wenigen Jahrzehnten vom Aussterben bedrohte Tierartpopulationen haben sich erholt, z. B. das amerikanische Bison, der Buckelwal, der Weißkopfseeadler und der Schreikranich.

» Seit 50 Jahren verdoppeln sich alle zehn Jahre weltweit die Naturschutzzonen.

» Der Rhein war noch vor 30 Jahren der am meisten verschmutzte Fluss Europas. Heute kann man wieder in ihm baden, obwohl an seinen Ufern die größte Industriedichte weltweit besteht.

» Die erneuerbaren Energien machen heute weltweit 30 % der Energieerzeugung aus, und zwischen 2004 und 2014 verachtfachte sich die weltweite Leistung der Windenergie und verfünfzigfachte sich die der Solarenergie.

An dieser Stelle möchte ich das Buch »Der Welt geht es besser, als Sie glauben – 50 Gründe, optimistisch zu sein« empfehlen. Der Autor ist Jacques Lecomte, französischer Psychologe und Experte für positive Psychologie. In seinem Werk legt er neben den von mir aufgeführten positiven Entwicklungen eindrucksvoll dar, wie wichtig Visionen und Ziele für die Menschen sind. Wenn wir sehen, wie das Ergebnis unseres Handelns aussehen kann, sind wir bereit, etwas zu tun und Dinge zu verändern. Daher sind Aufenthalte in der Natur so wichtig. Dort sehen und fühlen wir, dass es Sinn ergibt, sich für mehr Umweltbewusstsein einzusetzen. Dort begegnen wir der unbeschreiblichen Schönheit von Tieren, Pflanzen und Landschaften und können zu echten Aktivisten des Herzens werden.

Sehen wir Kinder in Afrika, die glücklich sind, eine Schule besuchen zu dürfen, sind wir bereit, Geld zu spenden, um dies weiteren Kindern zu ermöglichen. Erblicken wir die bunte Unterwasserwelt einer der vielen Wasserschutzgebiete weltweit, unterstützen wir gern die Umweltorganisationen, die sich für deren Schutz einsetzen. Konfrontiert man uns hingegen ausschließlich

mit Bildern, auf denen Leid und Elend zu sehen sind, fühlen wir uns ohnmächtig, wie gelähmt und resignieren. Dann fragen wir uns: »Warum sollte ich Geld spenden, wenn ich sowieso nichts ändern kann?« Diese Erfahrung kann jeder in den sozialen Netzwerken selbst machen. Postet man etwas Schönes, bekommt der Beitrag viele Likes. Der Aufruf zur Unterzeichnung einer Petition, der hingegen das Bild einer mit Plastikseilen strangulierten Meeresschildkröte zeigt, findet so gut wie keine Resonanz. Die Menschen sind übersättigt von derartigen Botschaften, sie wollen und können das Elend nicht mehr sehen.

Denken wir daher auch an die vielen Aktionen, durch die tagtäglich Tiere gerettet werden. Freiwillige Helfer kommen an die Küsten, um gestrandete Meerestiere zurück ins Wasser zu tragen. Tausende verzichten auf einen erholsamen Urlaub und reisen stattdessen nach einer Ölkatastrophe zu den betroffenen Stränden, um Vögel zu waschen und die Küsten zu säubern. Private Tierschützer retten nach Überflutungen unzählige Haustiere und kümmern sich liebevoll um sie. Und ist es nicht wunderbar, dass heutzutage für jedes Kätzchen, das hilflos in einer Baumkrone sitzt, und für jeden Hund, der in einem Abwasserrohr gefangen ist, die Feuerwehr ausrückt, um das Tier zu retten? Halte dir diese Bilder immer wieder vor Augen.

Übung:

Ohnmachtsgefühle in Liebe verwandeln

Jeder von uns wird irgendwann einmal von lähmenden Ohnmachtsgefühlen überwältigt. Wir fühlen uns klein und handlungsunfähig, würden uns am liebsten in ein Loch verkriechen und einige Jahre lang schlafen. Manchmal reichen ein paar unachtsame Worte eines Mitmenschen oder ein kleines Missgeschick aus, um emotional aus dem Gleichgewicht zu geraten. Das alles ist völlig normal in diesen aufreibenden Zeiten und sollte uns nicht verzweifeln lassen.

Sobald du diese Ohnmacht fühlst, ziehe dich zurück, und setze dich an einen Ort, an dem du für ein paar Minuten ungestört bist. Schließe deine Augen, und lege deine Hände übereinander auf dein Herzzentrum, die rechte Hand liegt dabei über der linken. Jetzt bitte die Kraft, die dich durch dein Leben führt, Liebe und Energie fließen zu lassen. Atme langsam tief ein und aus, und denke nur an Wärme, an Liebe, an die Sonne, an nette Menschen und ihre wertschätzenden Worte dir gegenüber. Spüre, wie du nach und nach aus der Ohnmacht in die Liebe kommst und sich ein wohliges, weiches Gefühl in deinem Brustkorb ausbreitet.

Diese einfache Übung kann dich jederzeit darin unterstützen, dich zu zentrieren und deine Ohnmachtsspirale zu verlassen.

ÜBUNG:

Welche Kraft führt mich durch mein Leben?

Vielleicht denkst du jetzt: »So eine Kraft habe ich nicht.« Doch, jeder Mensch hat einen inneren Motor, eine innere Stimme, etwas, dem er unbewusst folgt oder zumindest folgen sollte. Manche sprechen mit ihrem Schutzengel, ihrer verstorbenen Oma oder nehmen ein Krafttier an ihrer Seite wahr. Finde heraus, wer oder was an deiner Seite ist und dir Kraft gibt, und nutze diese Kraftquelle im Alltag, wenn du spürst, dass dein innerer Akku beginnt, auf Reserve zu laufen. Meditiere darüber, wenn du magst. Vielleicht wirst du auch mehrere Kräfte wahrnehmen, die dir zur Seite stehen.

Natürlich brauchen wir für unser Engagement immer auch eine gute Portion Optimismus. Sind wir zuversichtlich, wird das Leben leichter. Das bedeutet nicht, uns etwas schönzureden, sondern, daran zu glauben, dass etwas schön werden wird, und die vielen alltäglichen Dinge wertzuschätzen, die es bereits sind.

Optimismus – der innere Motor für ein leichteres Leben

Wir Menschen haben unterschiedliche Überzeugungen, wie es mit diesem Land und der ganzen Welt in Zukunft weitergehen wird. Manche sind verunsichert und haben Angst, einige lassen alles auf sich zukommen, und der ein oder andere hat sich in Verschwörungstheorien verloren. Auf diesem Planeten läuft wahrhaftig nicht alles rund: Die Zentralbanken und das Zinssystem sorgen für Armut. Pharmaunternehmen sind Aktiengesellschaften, denen es nur um den Profit geht. Krankenhäuser, Tierarztpraxen und Seniorenheime werden nach und nach von einzig am Gewinn orientierten Riesenkonzernen aufgekauft. Es gibt Missstände im Pflege- und Schulsystem und vieles mehr, was uns Sorgen bereitet. Doch das alles ist kein Grund, den Kopf in den Sand zu stecken. Suchen wir nach Lösungen und wählen die Parteien, die die Verbesserung dieser Zustände auf ihrer Agenda stehen haben. Es gibt keine Partei, die dir zusagt? Dann gehe selbst in die Politik, und wirke aktiv an der Gestaltung einer besseren Zukunft mit. Unterstütze Organisationen, die dies tun, und unterschreibe deren Petitionen. Erziehe deine Kinder so, dass sie als Erwachsene in der Lage sind, Wohlstand, Nachhaltigkeit und Mitgefühl miteinander zu verbinden und dadurch großartige Projekte in die Welt zu bringen. Fange im Kleinen an, und gehe lächelnd durch den Tag, anstatt dir über Dinge den Kopf zu zerbrechen, die sich nicht von heute auf morgen ändern lassen. Schon allein anderen, denen du begegnest, ein Lächeln zu schenken, kostet dich nichts, aber bereichert diese Welt enorm.

Mich bringen schlechte Nachrichten so schnell nicht mehr aus der Spur, denn ich bin mit ihnen aufgewachsen. Geboren wurde ich im Jahr 1970. Meine Großmutter liebte es, sich die Nachrichten im Fernsehen anzuschauen. Während gleichaltrige Kinder mit Puppen spielten, wollte ich wissen, was es mit Israel und den Palästinensern auf sich hat. Ich war acht Jahre alt, als wir gemeinsam die Serie »Holocaust« ansahen. Meine Mutter, Jahrgang 1933, ist ein ehemaliges Kriegskind, das in Dortmund, das seinerzeit zerbombt wurde, aufwuchs, dann evakuiert wurde und in eine ländlichere Gegend zu ihrer Tante zog. Die traumatischen Erlebnisse untherapiert und tief in ihren Zellen gespeichert, hatte sie während des Kalten Krieges panische Angst vor einer Eskalation zwischen den USA und der damaligen Sowjetunion, was durch

das Lesen von Prophezeiungen des Nostradamus nicht besser wurde. So lebte ich Anfang der 1980er-Jahre als pubertierender Teenager mit der Aussicht auf den für 1986 vorausgesagten Weltuntergang. Saurer Regen, sterbende Wälder, drohender Hautkrebs durch eine sich auflösende Ozonschicht machten mir diese Jahre nicht leichter.

Doch letztendlich bin ich optimistisch aus ihnen hervorgegangen, denn auf der anderen Seite faszinierte mich die Schönheit dieses Planeten, und ich konnte fühlen, dass es sich lohnt, am Leben zu sein. Außerdem hatte ich bereits als Kind einen ausgeprägten Sinn für Humor und erkannte schnell, dass neben Schokolade auch Lachen mein Leben versüßte. Später hieß es, zur Jahrtausendwende würde weltweit der Strom ausfallen, und Flugzeuge würden vom Himmel stürzen. Nach 9/11 glaubten viele an eine globale Eskalation, und 2012 war so manch einer davon überzeugt, in höhere Sphären aufzusteigen, während der angeblich unbewusste Rest der Menschheit in einer reinigenden Welle vernichtet werden würde. Nichts von alldem ist eingetreten.

Mutter Erde – sie trägt, nährt und heilt uns. Versuche, ihr einen Teil dieser Liebe und Fürsorge zurückzugeben.

Heilungsrituale
für Mutter Erde

Neben aktivem Handeln können wir Mutter Erde immer auch geistig unterstützen, indem wir täglich Schönheit, Heilung und Frieden visualisieren. In der Meditation können wir ihr mental Heilungsenergie schicken, oder wir können während einer Pause in der Sonne sitzen und einfach glücklich und dankbar für die Wärme auf unserer Haut sein. Wenn wir im Sommer süße Brombeeren oder im Herbst reife Äpfel pflücken, können wir Mutter Erde für ihre Geschenke danken. Wir können unsere geistigen Kräfte zu jeder Zeit positiv nutzen – einfach, indem wir die Natur und unsere Mitgeschöpfe mit Liebe betrachten.

Eine weitere Möglichkeit, Mutter Erde unseren Respekt zu zollen und gleichzeitig uns selbst etwas Gutes zu tun, ist das Durchführen von Heilungszeremonien oder -ritualen. Diese gelebte Naturspiritualität wird von immer mehr Menschen geschätzt, denn sie führt uns zurück zu unseren Wurzeln. Die Natur ist da, sie steht jedem von uns zur freien Verfügung. Die Stille, die klare Luft, die Pflanzen, die heilsamen Schwingungen der Bäume und das beruhigende Rauschen der Gewässer können von uns jederzeit genossen werden. Wir können die Jahreskreisfeste feiern und Kontakt zu den Naturgeistern aufnehmen. Unsere keltisch-germanischen Urahnen hatten den größten Respekt vor der Natur, denn sie waren viel stärker als wir mit ihr verbunden und von ihr abhängig. Sie ehrten die Sonne, den Mond, den Wind, den Regen und das Feuer sowie die Naturwesen, Göttinnen und Götter in einem sechswöchigen Rhythmus mit bestimmten Ritualen, Tänzen, Kräutern, Steinen und Lebensmitteln. Noch heute feiern wir die im Zuge der Christianisierung daraus entstandenen Feste wie den Tanz in den Mai (Beltane) oder Allerheiligen (Samhain). Zu Ehren von Mutter Erde ein Lagerfeuer zu entzünden und ihr unseren Dank auszusprechen, ist eine wohltuende Auszeit, die uns erdet.

JAHRESKREISFESTE

Hier eine kurze Übersicht:

Brigid (2. Februar) – das Lichtfest mit den Themen »Visionssuche« und »Neubeginn«
» Zeit der Kälte, des Winterendes und des Keimens
» Zeit für Fastenkuren, Visionssuche, Befreiung von allem, was nicht mehr benötigt wird, und energetische Reinigung mit Klang und Rauch

Frühlingstagundnachtgleiche (21. März) – das Fest zum Frühlingsbeginn mit den Themen »Wachstumskraft« und »Gleichgewicht«
» Zeit des Frühlingserwachens, der zunehmenden Helligkeit und des Wachsens
» Zeit für Frühjahrsputz, körperliche Entgiftung durch Entschlackungskuren, Ernährungsumstellung und dafür, der Kreativität Raum zu geben

Beltane (1. Mai) – das Freudenfest mit den Themen »Sinnlichkeit« und »Lebensfreude«
» Zeit des Blühens und der Düfte
» Zeit für Genuss mit allen Sinnen, Gartengestaltung, Bepflanzung und Sinnlichkeit

Sommersonnenwende (21. Juni) – das Fest zum Sommerbeginn mit den Themen »Wendepunkt« und »höchste Sonnenkraft«
» Sommerzeit, Zeit der Wärme und des Reifens
» Zeit für das Sammeln von Kräutern und dafür, besonders gut für sich zu sorgen

Lammas (2. August) – das Schnitterinnenfest mit den Themen »Ernte« und »Kräuterweihe«
- » Spätsommer, Zeit der Hitze
- » Zeit für das Ernten von Kräutern und Früchten und das Füllen des Medizinbeutels

Herbsttagundnachtgleiche (21. September) – das Fest zum Ende der Erntezeit mit den Themen »Reichtum teilen« und »Danken«
- » Herbst, Zeit des Verwertens
- » Zeit, um eine Bilanz des bisherigen Jahres zu ziehen, für einen Perspektivenwechsel und zur Vorbereitung auf den Winter

Samhain (1. November) – das Dunkelheitsfest mit den Themen »Trauern« und »Loslassen«
- » Spätherbst, Zeit des Todes und der Transformation
- » Zeit, um Abschied zu nehmen, loszulassen und Innenschau zu halten

Wintersonnenwende (21. Dezember) – das Fest zum Winterbeginn mit den Themen »Tiefste Dunkelheit« und »Wiederkehr des Lichtes«
- » Winter, Zeit der Hoffnung
- » Zeit für das Erleben innerer Prozesse, Entschleunigung und dafür, Neues zu empfangen

Bei Interesse findest du eine Vielzahl von Literatur über Jahreskreisfeste und Lebensfeste aller Art. Viele Menschen fühlen sich nicht mehr zur Institution Kirche hingezogen, wollen die wichtigen Stationen ihres Lebens und der ihrer Kinder aber dennoch feierlich und rituell gestalten. Eine freie Taufe im eigenen Garten, ein Fest, das das Erwachsenwerden markiert, eine freie Hochzeit und am Ende des Lebens eine wunderschöne in Kerzenschein getauchte, von Musik begleitete und mit Duft umhüllte Abschiedszeremonie – das alles ist möglich. Uns stehen diesbezüglich alle Möglichkeiten offen.

Die Reise durch den Jahreskreis ist vergleichbar mit einer Reise durch unser Leben, denn auch wir entstehen aus einem Keim, reifen heran, blühen auf, werden älter, weiser und kehren eines Tages heim in das Reich von Mutter Erde, um dann erneut keimen zu dürfen. Unter anderem basieren auch die Feng-Shui- und die Elemente-Lehre auf diesem Prinzip. Wir brauchen das Rad nicht neu zu erfinden, wir müssen uns nur nach dem Vorbild der Natur richten und werden alles finden, was wir für unser Leben benötigen: Nahrung, Heilmittel und das Verständnis für Leben, Tod und Wiedergeburt.

BARFUSSLAUFEN

Viele von uns haben nicht nur im übergeordneten, spirituellen Sinne die Verbindung zu Mutter Erde verloren, sondern auch im praktischen. Wir laufen größtenteils auf Asphalt oder anderen künstlichen Böden, und wenn wir durch den Garten gehen, tragen wir Gartenschuhe. Nimm doch einmal wieder bewusst die natürlichen Untergründe wahr, und gehe langsam und achtsam barfuß über eine Wiese, durch den Wald oder eine Heidelandschaft. So kannst du die antioxidativ wirkenden Kräfte direkt über deine Fußsohlen in dich aufnehmen. Durch die Stimulation der dort sitzenden Akupressurpunkte wird dein gesamter Körper mit Energie versorgt, und jeder Schritt verbindet dich mit Mutter Erde.

Wenn du dich über deine energetischen Wurzeln mit der Erde verbindest und deinen Geist für den Himmel öffnest, kannst du wunderbar durch das Leben gehen, denn dann bist du gut geerdet und gleichzeitig mit der Geistigen Welt verbunden. Aus meiner Sicht bedeutet das konkret: Du kannst deine spirituellen Fähigkeiten voll ausleben und intuitiv handeln, hebst aber nicht ab, sondern bleibst ein realistischer, bodenständiger Mensch, der die Probleme auf dieser Welt nicht nur geistig, sondern auch aktiv angeht. Eine wunderbare Eigenschaft, die in jedem Menschen fest verankert ist. Man darf sie nur zwischendurch immer wieder einmal aktivieren.

Naturwesen

Wenn wir tief in die Natur eintauchen und uns geistig mit den Pflanzen und Bäumen verbinden, erkennen wir, dass es viel mehr Leben gibt, als die meisten von uns mit ihren Augen wahrnehmen können. Vielleicht bist du ja in der Lage, für einen Moment die Vorstellung zuzulassen, dass es so etwas wie Elfen, Zwerge oder Baumgeister tatsächlich gibt. Meine Autorenkollegin Antara Reimann, zu deren Spezialgebieten der europäische Schamanismus gehört und die uns altes Wissen für die neue Zeit zugänglich macht, hat mir für dieses Buch einen interessanten Erfahrungsbericht zur Verfügung gestellt.

Eichen unter sich – ein Gastbeitrag von Antara Reimann

Vor vielen Jahren, wir waren gerade raus aus der Stadt und in eine ländliche Gegend gezogen, leitete ich ein Seminar zum Thema »Naturwesen«. Ziel war es, ein Wochenende lang die Natur mit allen Sinnen wahrzunehmen.

Während ich in der Vorbereitungsphase durch den nahen Wald spazierte, führten mich meine Füße an einen Platz, wo sich die Dorfjungen zwischen zwei noch relativ jungen, sich umarmend wachsenden Eichen eine Art Unterschlupf aus alten Brettern, Ästen, Plastiktüten, Nägeln und Seilen gebaut hatten. Deutlich war zu erkennen, dass dieser Spielplatz schon lange nicht mehr genutzt worden war und nun vor sich hingammelte. Teile eines vergessenen Pullovers lagen herum, an dem sich wohl Wildtiere bedient hatten, um ihre Behausungen damit auszustatten. Alles in allem bot das Ganze also einen nicht gerade erbaulichen Anblick.

»Prima«, dachte ich, »das ist der ideale Platz, um der Natur etwas zurückzugeben. Hier werden wir aufräumen.« Gesagt, geplant, getan. Zur Einstimmung in das Seminar erzählte ich den Teilnehmern von meiner Entdeckung, woraufhin wir uns frohen Mutes auf den Weg machten, ausgerüstet mit Mülltüten, Zangen, Scheren, Rasseln und Trommeln. »Wir räumen den Wald auf«, lautete unsere Intention.

Am Platz angekommen, begannen wir mit einer Meditation, um uns den Platzhütern, den Bäumen und den dort wohnenden Naturwesen vorzustellen und mit ihnen kommunizieren zu können. Die Meditierenden bekamen von mir die Aufgabe, den Platz und die Bäume zu fragen, wer welche Arbeiten durchführen sollte.

Das Ergebnis war überraschend, denn die Bäume und der Platz wünschten sich von uns keinen Eingriff, kein Aufräumen, kein Entfernen: »Dieser Platz wurde nicht von euch so hergerichtet. Die Verantwortung dafür tragen andere. Es ist für euch wichtig, dies auszuhalten. Lasst bitte diesen Platz so, wie er ist, damit die Verursacher selbst erkennen, dass sie ihn aufräumen müssen. Noch sind sie zu jung, aber sie werden es erkennen. Die Zeit wird kommen. Aber das geht nur, wenn ihr respektiert, dass euch dies nichts angeht.« Die Bäume, Naturwesen und Platzhüter dankten uns für unsere Bewusstheit und baten uns, für sie zu tanzen, zu singen und dem Platz Freude und Lebendigkeit zu schenken, um seine Schwingung zu erhöhen und damit wieder Leichtigkeit einkehren konnte.

Sicherlich waren wir alle sehr erstaunt, hatten wir uns doch in unserer »Wir reinigen den Wald«-Stimmung so wohl gefühlt. Doch darum ging es zu dem Zeitpunkt nicht. Stattdessen wurden wir gebeten, einen Wunsch zu erfüllen, der so gar nicht in unser Bewusstsein von Waldheilung passte. Doch ein Wunsch ist ein Wunsch, und so entstand zwischen diesen sich so liebevoll umarmenden jungen Eichen, erst ganz verschüchtert und unsicher, eine spontane Musiksession im Wald. Einige Anwesende tanzten, während andere sangen und die Trommel erklingen ließen. Zum Ende hin meditierten wir noch einmal, um zu schauen, ob wir alles getan hatten, was gewünscht worden war. Uns wurde gedankt, und eine der Teilnehmerinnen bekam gesagt, sie solle mir ausrichten, dass wir am Nachmittag die alten Eichen besuchen sollten. Dies sei der Dank an uns für unsere Arbeit.

Ein paar Wochen vorher hatte ich einen Wanderführer für unsere Region gekauft, in dem wir tatsächlich eine 1000-jährige und eine 500-jährige Eiche fanden, die weniger als 25 Minuten von uns entfernt standen. Also änderten wir unsere Pläne und fuhren nach dem Mittagessen los. Die 500-jährige Eiche war innen völlig hohl und durch einen Blitzeinschlag sehr angegriffen. Doch war es wunderschön und berührte uns sehr, wie die Dorfgemeinde diese Eiche ehrte und pflegte. Dann ging es weiter zur 1000-jährigen Eiche. Dort angekommen, konnte ich die Tränen nicht mehr zurückhalten, sie liefen mir einfach nur so über das Gesicht. Ich musste mich erst einmal beruhigen, damit ich den Mitfahrenden erklären konnte, welch großes Geschenk ich gerade bekam. Zehn Jahre vorher hatte ich im Zuge meiner Ausbildung zur Reiki-Meisterin ein einwöchiges Intensivseminar gemacht. In diesem Zusammenhang hatten wir eine 1000-jährige Eiche besucht, mit der ich eine ganz tiefe Erfahrung machte. In all den folgenden Jahren hätte ich sie gern noch einmal besucht, doch ich hatte die Anmeldeunterlagen entsorgt und wusste nicht mehr, wo diese Eiche stand. Und – du ahnst es bestimmt – nun stand ich tatsächlich vor »meiner« Eiche. Ich war überglücklich und dankbar.

Die Botschaft dieser Eiche lautete: »Siehst du, ihr habt gehört und gedient. Und dies nun ist eure Belohnung für euren Einsatz. Wir Bäume sind alle miteinander verbunden, und die beiden Eichen haben mich heute Morgen gefragt, ob sie euch zu mir senden dürfen. Was ihr für einen von uns tut, um das wissen auch wir anderen Bäume.« Wir bekamen von dieser Eiche die Erlaubnis, zu ihren Wurzeln liegend zu meditieren und dabei ihren Botschaften zu lauschen. Seitdem fahren wir im Seminar zum Thema »Elemente«, das zur schamanischen Ausbildung gehört, zu ihr hin und erleben ein freudiges und starkes Erdelement.

Du fragst dich vielleicht, welche Veränderung sich denn nun letztendlich durch unseren Respekt den Eichen und dem Platz gegenüber ergab. Wäre es nicht einfacher gewesen, den Platz im Wald einfach aufzuräumen? Nun, es wäre ein kurzfristiger Erfolg gewesen, aus dem niemand etwas gelernt hätte. So erfuhren wir, dass Plätze in der Natur sehr wohl ein eigenes Bewusstsein haben und gefragt werden wollen. Sie können uns sagen, was wir für sie tun können, wenn wir bereit sind, ihnen zuzuhören. Die zweite Veränderung ergab sich einige Zeit später. Während eines Festes erzählte ich den mittlerweile merklich erwachseneren Dorfjungen diese Geschichte. Sie horten mir erstaunt zu, sie hatten ihren alten Spielplatz völlig vergessen. Ein paar Wochen später gab es eine kollektive Aufräumaktion, die zudem bewirkte, dass einige Eltern, die Dorfjungen und jüngere Kinder einen »Unser Dorf soll schöner werden«-Tag durchführten und im Wald und an den Wegrändern Müll aufsammelten. Zum Abschluss wurde am Abend gemeinsam gegrillt und gegessen, wobei noch viele Geschichten rund um das Thema »Umweltbewusstsein« erzählt wurden. Alle waren sehr stolz auf die gemeinsame Arbeit.

Hätten wir damals unsere geplante Aufräumaktion durchgeführt, wäre wenig erreicht und kein Bewusstsein verändert worden. Nur Hand in Hand mit den Wesen der Natur werden wir es schaffen, wieder in die Einheit und Harmonie zurückzukehren.

Ehrung von Mutter Natur – ein Gastbeitrag von Anne-Mareike Schultz

Ganz gleich, ob wir sie »Gaia«, »Pachamama«, »Heimatplanet« oder anders nennen, die Erde trägt uns und gibt uns Halt. Wir können so hoch springen, wie wir wollen, aber sie fängt uns immer wieder auf. Sie hält uns in ihren Armen, bewahrt unsere Geheimnisse, trocknet unsere Tränen und transformiert mit ihren Farben und ihrem Licht unsere Verzweiflung in neue Hoffnung. Egal, wie erschöpft wir uns fühlen, lassen wir unseren Blick über Mutter Erde streifen, dann erstaunt sie uns mit der Schönheit ihrer üppigen Landschaften und ihrer minimalistischen Kargheit. Jeder Schritt, den wir auf ihr tun, kann eine Liebeserklärung an sie und uns selbst sein. Seien wir dankbar für die unzähligen Wunder, die sie uns jeden Tag schenkt.

Als meine liebe Freundin und Autorenkollegin Susanne mich gebeten hat, ein Ritual für dieses Buch zu schreiben, habe ich mich darüber, über ihr Vertrauen und unsere Verbundenheit sehr gefreut. Jeder von uns führt tägliche kleine Rituale durch. Wie wir aufstehen, uns anziehen oder den Kaffee kochen und trinken – das alles sind Rituale, doch oft sind wir uns dessen gar nicht bewusst.

Mit dem folgenden Ritual kannst du dich von schweren und unnötigen Energien befreien und dich leicht und gehalten fühlen.

Für dieses Ritual benötigst du:
- einen 1 m langen weichen Weidenzweig oder einen anderen biegsamen Zweig (Bitte schneide nicht unachtsam einfach etwas ab, sondern schaue dich um, was dir Mutter Natur schenkt.)
- grobe Bastelschnur oder ein Hanfband
- eine Stopfnadel, durch die das Band passt
- getrocknete Beeren und Apfelringe

Horche in dich hinein, und frage dich, warum du heute dieses Ritual durchführen möchtest. Welche Absicht hast du? Konzentriere dich auf das, was du vorhast, und lasse dich nicht durch Dinge im Außen wie das Telefon oder etwas Ähnliches ablenken.

Binde den Weidenzweig zu einem Ring zusammen, und webe nun eine Art Traumfänger in diesen Ring hinein. Knote dazu ein Ende des Bandes an der zusammengesetzten Stelle fest, und lege den Faden in einem Abstand von drei Fingerbreit einmal um den Rand

des Ringes. Fädle dazu jeweils von hinten zwischen Faden und Ring hindurch, und bilde so eine Schlaufe. Wiederhole dies so oft es geht den Ring entlang. Für die zweite Ebene des Netzes ziehst du genauso Schlaufen, jedoch nicht um den Ast, sondern um den Faden, den du zuvor um den Ast gewunden hast. Sobald du die zweite Ebene zur Hälfte gefädelt hast, kannst du anfangen, das getrocknete Obst wie Perlen in das Netz des Lebens einzufädeln. Am Ende verknotest du dann den Faden.*

An der Verschlussstelle des Astes befestigst du eine Schlaufe, an dem du das Ganze später aufhängen kannst. Fädle Beeren auf drei bis vier längere Bänder, und binde am Ende einen Apfelring daran. Knote diese Bänder an den unteren Teil des Traumfängers. Zum einen bekommt er so mehr Stabilität, zum anderen wird dadurch deine Verehrung von Mutter Erde noch deutlicher. Mache dir während des Rituals bewusst, wie Mutter Erde nach und nach schwere Energien von dir nimmt, damit du dich wieder frei und leicht fühlst.

Hänge dein Werk nun in einen Baum oder Strauch, und sprich folgende Worte laut aus: »Hiermit ehre ich dich, du wunderschöne Mutter Erde. Dies ist meine Liebeserklärung an dich und mich. Wir beide sind Wunder, und als solche nehme ich uns beide wahr.« Danke anschließend den wirkenden Energien und dir selbst für die Schritte, die du gerade getan hast.

---

* Eine bebilderte Schritt-für-Schritt-Anleitung findest du im Internet, z. B. unter www.vbs-hobby.com/blog/traumfaenger-basteln-schritt-fuer-schritt-anleitung-271.

Wie funktioniert das Leben?
Beobachte die Natur, und lasse dich von ihr inspirieren.

Von Mutter Erde lernen

Die Natur als Vorbild

In der Natur ist alles im Fluss. Dieser Fluss des Lebens bahnt sich immer einen Weg. Behindert ihn ein Fels, schlängelt er sich einfach um diesen herum. Ob Pflanzen, Tiere oder Gewässer – sie alle finden immer wieder eine Möglichkeit, um zu gedeihen bzw. zu fließen. Jeder noch so kleine Grashalm wächst der Sonne entgegen. Die Natur lässt sich nicht unterkriegen, und sie hat die Fähigkeit, sich trotz Überfischung und anderer Herausforderungen immer wieder zu regenerieren. Sie jammert nicht, bemitleidet sich nicht selbst oder gibt anderen die Schuld, sondern nimmt die Gegenwart hin und macht das Beste daraus. Wir Menschen hingegen haben verlernt, flexibel zu sein, haben uns weit von der Natur und uns selbst entfernt und funktionieren meist nur noch. Wir fokussieren uns auf vorhandene Probleme anstatt auf Lösungen. Wenn wir die Natur beobachten, können wir viel von ihr lernen.

Meditation:

Zurück in den Fluss des Lebens

Befindest du dich momentan in einer Situation, in der du den Fluss des Lebens nicht mehr wahrnehmen kannst, weil du einen Menschen oder ein Tier unendlich vermisst? Dann stelle dir morgens nach dem Aufwachen oder abends vor dem Einschlafen Folgendes vor:

Ruhig und mit ausgestreckten Armen gleitest du mit der Strömung eines Flusses, das Gesicht zum Himmel gerichtet. Am Ufer wachsen wunderschöne, bunte Blumen, über dir scheint die Sonne. Sanft trägt dich das Wasser an sämtlichen Hindernissen wie vorgelagerten Felsen vorbei. Du spürst die Lebendigkeit der Strömung, die dich im Gleichgewicht hält.

Der Fluss mündet in einen smaragdgrünen See. Dort ruhst du dich aus, liegst entspannt auf der ruhigen Wasseroberfläche und schaust in den Himmel, während der See dich trägt. Du atmest tief ein und aus, lässt Gefühle kommen und wieder gehen. Schließlich tauchst du ein in das glasklare Wasser und begegnest dem geliebten Gefährten, der vorausgegangen ist. Liebe fließt zwischen euch, ihr braucht keine Worte, ihr seid eins. Genieße dieses Gefühl so lange, wie du möchtest.

Irgendwann fühlst du, dass es an der Zeit ist, zu sagen: »Ich darf noch im Fluss des Lebens bleiben und werde nun zurückkehren.« Du spürst, wie dich eine Kraft nach oben in die Wolken zieht. Von dort aus fällst du als Regentropfen zurück auf die Erde und tauchst wieder tief in den Fluss ein, der dich durch dein Leben führt. Lasse dich vertrauensvoll treiben.

Eine begleitende, emotional festigende Musik deiner Wahl kann diese Meditation unterstützen. Danach kannst du glücklich ins Reich der Träume entschlummern oder den ganzen Tag über diese wunderschöne, dich stärkende Begegnung im Herzen tragen.

Die Natur ruft dich

Nachdem du bereits viel darüber gelesen hast, wie du besser für dich sorgen kannst, möchte ich dich hier noch einmal dazu auffordern, regelmäßig in die Natur zu gehen. Falls du in der Stadt wohnst, findest du sicher einen Park mit Wiesen und Bäumen. Und an einem Tag in der Woche wirst du bestimmt eine Stunde Zeit für einen Waldspaziergang finden. Die bewusste Begegnung mit Mutter Erde und ihren faszinierenden Geschöpfen kann ungeahnte Kräfte in dir mobilisieren.

Außerdem möchte ich dir ans Herz legen, während deines nächsten Urlaubs viel Zeit in der Natur zu verbringen. Ob du auf einem kleinen Zeltplatz im Wald in der Nähe deines Heimatortes zeltest, in der Normandie Küstenwanderungen machst, in Tirol die Berge besteigst oder in Australien am Ayers Rock meditierst, ist nicht entscheidend. Natürlich darfst du die große, weite Welt erkunden, wenn sie dich ruft. Es ist jedoch nicht zwingend notwendig, um den halben Erdball zu fliegen, denn in Europa findest du ebenso Sonnenstrände, Berge, Wasserfälle, Wüsten, Gletscher, Vulkane, Lavalandschaften, Wälder, Seen, Thermalgebiete, Klippen, Buchten und eine Tiervielfalt von unbeschreiblicher Schönheit.

Auch Kultstätten und Kraftorte sind nicht weit entfernt. Du kannst den Jakobsweg gehen oder ihn nur teilweise beschreiten. In England warten Steinkreise auf dich, z. B. die Merry Maidens in Cornwall. Der kleine Ort Glastonbury in der Grafschaft Somerset ist ein heiliger Ort, der noch immer die Kraft Avalons ausstrahlt. Man sagt, Glastonbury sei das Herzchakra der Erde, und so fühlt es sich auch an, wenn man dort im Chalice Well sitzt, dem Garten, in dem die heilige Quelle entspringt. Cornwall bietet dir traumhafte Küstenwanderwege. Der Sage nach soll König Artus in der Stadt Tintagel geboren worden sein und im Tintagel Castle gelebt haben. In der Nachbarstadt Boscastle findest du den St. Nectan's Glen, einen Wasserfall, der eine atemberaubende Energie ausstrahlt. Gelegen in einer Schlucht, ist er einer der stärksten Kraftorte, an dem ich je gewesen bin. Im Dartmoor National Park kannst du die Seele baumeln lassen und dir die Wanderwege mit Schafen, Rindern und Pferden teilen. Granit, Heide und Bäche so weit das Auge reicht. Zäune gibt es dort nicht. Auch in Wales und Schottland findest du traumhaft schöne Plätze, an denen du dich dem Himmel ganz nah fühlen wirst.

Auf der Nachbarinsel Irland gibt es so viele Kraftorte und schöne Gegenden, dass man sie gar nicht alle aufzählen kann. Am meisten liebe ich jedoch Glendalough in den Wicklow Mountains, Sherkin Island und Cape Clear, sämtliche Halbinseln an der Westküste und das Gebiet The Burren mit den Cliffs of Moher und Connemara mit den karibisch anmutenden Traumstränden, gesäumt von Bergen, Seen und Hügeln in einem Grün von sagenhafter Intensität. Keem Bay auf Achill Island wurde kürzlich zu einem der schönsten Strände der Welt gekürt. Und eine der unvergesslichsten Wanderungen, die ich in meinem Leben je gemacht habe, führte mich durch den Gap of Dunloe und das Black Valley, beides im Killarney Nationalpark. Den Vanille-Orange-Duft der gelbblühenden Ginsterbüsche habe ich noch immer in der Nase.

Die absolute Einsamkeit in einer Holzhütte am See in Finnland oder Schweden können wir ebenso genießen wie das mediterrane Flair an den vielseitigen Küsten Südeuropas. Auch in Deutschland, Österreich und der Schweiz gibt es zauberhafte Inseln, Heide- und Seelandschaften, Berge und Täler. Auf den zahlreichen Wanderrouten kannst du die Natur in dich aufsaugen.

Eine Auszeit unter freiem Himmel kann sehr heilsam sein und dafür sorgen, dass wir im Alltag die Blumen am Straßenrand wieder wahrnehmen. Solltest du an einer Allergie gegen Pollen, Gräser, Tierhaare oder etwas anderes leiden, die dich davon abhält, die Natur zu genießen, nimm die Hilfe eines Naturheilkundlers in Anspruch. Homöopathie, Bioresonanztherapie und Mykotherapie (Vitalpilzkunde) können bei sämtlichen Allergien große Linderung bringen.

Die Natur macht glücklich

… denn es ist unmöglich, kein Glück zu empfinden, wenn …

» du in der Sonne sitzt und frisch gepflückte Himbeeren isst.

» du an einer Klippe sitzt und Delfine an der Wasseroberfläche entdeckst.

» du in die Augen eines Schafes blickst, das auf einer Wiese steht, glücklich Gras kaut und blökt, weil es dich entdeckt hat.

» du Lämmer beim Spielen und Springen beobachtest.

» du mit geschlossenen Augen die Energie der Sonne aufsaugst, während du dem Flügelschlag von Libellen und Hummeln lauschst.

» es dir beim Anblick der Weite und Schönheit der Natur die Sprache verschlägt.

» du deine Nase tief in die gelben Blüten eines Ginsterbusches steckst, um den Duft von Orange mit einem Hauch Vanille zu genießen.

Wir können nicht alle am Meer oder in den Bergen leben und haben dort, wo wir wohnen und wirken, sicherlich unsere Aufgaben zu erfüllen. Lade daher regelmäßig deine inneren Akkus in der Natur auf. Wenn du Urlaubsbilder aufhängst, kannst du dir die faszinierenden Erlebnisse immer wieder ins Gedächtnis rufen. Außerdem kannst du während der Meditation jederzeit dorthin zurückreisen.

Die Natur kennt den Weg, und sie unterstützt uns auf allen Ebenen. Also gehe raus, und nimm ihre Wunder, ihre Farben und ihre Formen um dich herum wahr. Blicke in die Gesichter der Bäume, betrachte die Wolkenformationen am Himmel, und fühle, was für ein Geschenk es ist, hier sein zu dürfen. Setze dich an ein Gewässer, und beobachte es. Werde dir der reinigenden Kraft des Wassers bewusst, es ist der Ursprung allen Lebens. Nimm die Gaben von Mutter Erde an, die Medizin, die sie uns zur Verfügung stellt. Fällt ein Baum um, so entsteht neues Leben. Beobachte die Natur, und du wirst Klarheit über dein eigenes Leben erlangen.

Wo ist Gott?

Zunehmend finden wir Menschen zurück zur Naturspiritualität. Wir spüren, dass uns technischer Fortschritt und ständige Erreichbarkeit immer weiter von uns selbst entfernen. Der Wunsch nach Einfachheit wird größer. Wir sehnen uns nach Orten der Stille, nach einem strahlungsfreien Raum, wir wollen keine Mikrowelle mehr benutzen, sondern mauern uns lieber einen Steinofen im Garten oder essen rohes Gemüse.

Seit Jahrtausenden sind wir auf der Suche nach Gott, haben in seinem Namen Kriege geführt und Bäume gefällt, um an diesen Orten Kirchen zu bauen. Jetzt kommen wir langsam an den Punkt, an dem uns klar wird, dass Gott überall zu finden ist. Er ist in jedem Menschen, jeder Blume und jedem noch so kleinen Organismus. Ihn zu ehren, bedeutet, das Geschenk des Lebens zu würdigen. Vielleicht ist Gott eine Art Bewusstsein in uns und in jedem anderen Geschöpf dieses Planeten. Unsere Mitmenschen, die Tiere und die Natur respektvoll zu behandeln und gemeinsam im Einklang zu leben, sollte unsere Religion sein.

> Gott schläft in den Steinen, atmet in den Pflanzen, träumt in den Tieren und erwacht im Menschen.
> (Weisheit aus der indischen Mythologie)

Kinder – unsere Zukunft

…. und die große Chance für Mutter Erde.

Wenn es neben der Änderung unseres Konsumverhaltens etwas gibt, was jeder von uns aktiv für die Heilung von Mutter Erde tun kann, dann ist es die Förderung und Unterstützung der Kinder – seien es die eigenen, Neffen und Nichten, die Kinder von Freunden, Stiefkinder, Enkelkinder oder die Kinder, die du in der Schule oder im Kindergarten betreust.

Wenn du selbst Kinder hast, lebe ihnen nachhaltiges Konsumverhalten und Tierliebe als etwas Selbstverständliches vor. Erziehe sie zu selbstbewussten und mitfühlenden Menschen. Erlaube ihnen, an Protestaktionen, die sich für den Schutz der Umwelt einsetzen, teilzunehmen. Verhätschele sie nicht, sondern lasse sie sich entfalten und zu konfliktfähigen Menschen heranwachsen, die für ihre Überzeugungen einstehen und dennoch gesellschaftsfähig und emphatisch sind. Zeige ihnen, dass sie auf dieser Welt wichtig sind und Dinge verändern können.

Wir können viel dazu beitragen, dass Kinder zu naturverbundenen, tierliebenden und sozial kompetenten Menschen heranwachsen, indem wir …

- » ihnen Tierliebe vorleben und mit ihnen Insekten wie Käfer und Spinnen einfangen und in die Freiheit entlassen.

- » mit ihnen gemeinsam im Winter Löcher in zugefrorene Pfützen machen, damit Wildtiere daraus trinken können, und diese füttern, falls eine dicke Schneedecke liegt.

- » niemals Tiere beschimpfen oder Redewendungen benutzen, die Tiere abwerten, z. B.: »Du dumme Kuh!«

- » mit ihnen Biohöfe, Gnadenhöfe oder Auffangstationen für Wildtiere besuchen statt eines Zoos oder Zirkus, in dem Tiere gezeigt werden.

- » mit ihnen Wildtiere beobachten.

- » ihnen tolle Erlebnisse in der Natur ermöglichen, mit ihnen wandern, am Lagerfeuer sitzen und im See schwimmen gehen.

- » ihnen früh das Mülltrennen beibringen und sie für ökologisches Handeln sensibilisieren.

- » ihnen klarmachen, wie wertvoll unsere Fülle an Lebensmitteln ist.

- » im Garten ein paar Hühner halten und den Kindern so zeigen, wie artgerechte Tierhaltung funktioniert und wo Lebensmittel wie Eier herkommen.

- » mit ihnen gemeinsam Gemüse, Obst und Kräuter im Garten oder auf dem Balkon anbauen, damit sie ein Gefühl für den Kreislauf der Natur bekommen. Wenn das bei dir zu Hause nicht möglich ist, dann vielleicht bei deinen Eltern. Oder du pachtest eine Anbaufläche, z. B. bei den »Ackerhelden«. Für Kinder ist es ein wunderbares Erfolgserlebnis, wenn Selbstgepflanztes gedeiht und Früchte trägt.

- » mit ihnen im Sommer Beeren und im Herbst Pilze sammeln gehen.

- » ihnen beibringen, dass unsere Haustiere fühlende Lebewesen sind, die eine Seele haben. Und wir sollten es ihnen nicht durchgehen lassen, wenn sie einem Tier Schmerzen zufügen – auch dann, wenn es nicht böswillig geschah.

- » keine Tiere anschaffen, solange die Kinder noch zu klein sind, um vernünftig mit ihnen umzugehen.

- » während unseres Urlaubs für jede Menge Spaß, aber auch für intensive, beeindruckende Naturerlebnisse sorgen: Tiere beobachten, Wasserfälle ansehen, andere Kulturen entdecken und mit Einheimischen ins Gespräch kommen. Selbst der normale Strandurlaub kann für Kinder zu einem tollen Erlebnis werden, wenn wir gemeinsam schnorcheln, Fische entdecken und Muscheln sammeln. Erlebnisse, die uns als Kind beeindruckt haben, bleiben ein Leben lang präsent.

Wir sind an einem Punkt angelangt, an dem ein neuer Geist der Veränderung erwachen muss. Wir haben lange genug tatenlos zugeschaut, wie die Meere immer dreckiger werden, die Polkappen schmelzen und die Wälder gerodet werden.

Erkenne die Talente der Kinder, und gib ihnen Raum, diese zu entfalten. Dränge sie nicht in eine Richtung, sondern lasse sie sich dorthin entwickeln, wo es sie hinzieht. Ist dein Kind technisch interessiert, fördere diese Begabung. Wenn dein Kind es möchte, lasse es an Forschungswettbewerben teilnehmen. Diese Welt braucht dringend Technologien, mit denen wir in der Lage sind, die Ozeane, das Grundwasser und die Böden zu reinigen. Es gibt viel zu tun, und dafür brauchen wir engagierte, liebende Menschen, die diese Aufgaben mit Herzblut erledigen. Die Kinder der neuen Zeit werden langsam erwachsen, und ich kann es kaum erwarten. Meine Generation hat ohne Zweifel bereits viel geleistet und in die Wege geleitet, doch das ist noch nicht genug. Jetzt kommen unsere Kinder an die Macht, und das ist großartig.

»Liebe« und »Verantwortung« – die Zauberwörter für den Alltag.

Unsere Vision für die Zukunft

Manchmal habe ich den Eindruck, eine Mittlerin zwischen den Gegensätzen zu sein. Ich bin im Sternzeichen Waage geboren. Ausgeglichenheit ist meine Grundstimmung und ein ganz wichtiger Teil meiner Lebensphilosophie. Dinge immer aus verschiedenen Blickwinkeln zu betrachten und vor der Bildung der eigenen Meinung alle Seiten gehört zu haben, ist mir wichtig. Der Wunsch nach Balance und Gerechtigkeit ist bereits seit meiner Kindheit fest in mir verankert. Ich würde mich weder als links noch rechts bezeichnen, sondern fühle mich in meiner ganz persönlichen Mitte.

Ich würde mich freuen, wenn wir öfter offen miteinander reden und uns austauschen würden, statt uns gegenseitig vorab in Schubladen zu stecken und zu bewerten. Wir alle leben auf diesem Planeten, sind Teil dieser Erdengemeinschaft und können uns somit unserer Verantwortung nicht entziehen, egal, welche Ansichten wir vertreten. Lasst uns uns miteinander vernetzen, uns gegenseitig unterstützen und voneinander lernen. Dafür müssen wir aber aufeinander zukommen und uns wieder in die Augen sehen, statt mit dem Blick auf das Smartphone gerichtet durch das Leben zu gehen.

Welche Gefahren auch immer auf uns und alles Leben dieser Erde lauern mögen, seien sie ökologischer oder ökonomischer Art, so weiß ich doch eines ganz genau: Trotz unseres Engagements und der Konfrontation mit all den beängstigenden Fakten sollten wir versuchen, in der Liebe und der Zuversicht zu bleiben und uns die Rettung unseres Planeten als Vision stets vor Augen zu halten. Die Energie folgt der Aufmerksamkeit, das ist ein universelles Gesetz. Wir sollten nicht gegen etwas ankämpfen, sondern uns mit Leidenschaft und Liebe für etwas Gutes einsetzen.

Nutzen wir also all unsere Kraft, unsere positiven Gedanken, Worte und Taten für die Heilung von Mutter Erde und erschaffen so die Zukunft, dir wir uns für unsere Kinder und Enkelkinder wünschen.

> Glaube an das Goldene Zeitalter, und bleibe im Vertrauen. Sorge in der Verbundenheit mit allen Menschen für mehr Freude, Liebe und Heilung auf diesem Planeten.

Du bist ein Teil der Erde

und wirst es immer sein – Nachwort

Nun sind wir am Ende des Buches angelangt, und ich frage mich, ob du dir mittlerweile vorstellen kannst, dass es vielleicht doch kein Zufall ist, dass du genau jetzt leben darfst. Die Erde ist nicht nur ein faszinierend schöner Planet, die Mutter allen Lebens und gleichzeitig ein Mysterium, sie ist auch eine Schule. Sie erteilt uns Lektionen, Tag für Tag, ein Leben lang. Viele davon sind nicht einfach zu erkennen und zu erlernen, denn oftmals geht es um das Annehmen, die Vergebung und das Vertrauen. Was auch immer dir in deinem Leben an Rückschlägen widerfahren und dich aus der Bahn werfen sollte, versuche, wieder aufzustehen und weiterzugehen. Wir alle sind Mitglieder einer großen Familie und erfüllen einen ganz wichtigen Part in einer großen Geschichte, in der jeder vom anderen lernen darf.

Zum Schluss möchte ich hier noch eine Geschichte erzählen, die mich sehr berührt hat. Aus unserer menschlich-emotionalen Sicht mag sie im ersten Moment traurig erscheinen. Wenn wir es aber zulassen und unser Herz öffnen, hinterlässt sie in uns das warme Gefühl, hier und jetzt genau richtig zu sein.

Ich kenne einige Menschen, die ein Kind oder ihren Partner durch einen Unfall oder eine Krankheit verloren haben und die mit diesem Schicksal sehr unterschiedlich umgehen. Der Mann und die drei Kinder einer Bekannten starben bei einem Autounfall. Durch ihren Glauben hat sie es jedoch geschafft, dieses Schicksal anzunehmen und ihren Lebensweg weiterzugehen. Sie hat eine Ausbildung gemacht und arbeitet heute in ihrem Traumjob und in der Gesellschaft einer zauberhaften Hündin. Eine Verwandte von mir hat als junge Mutter beide Kinder durch Mukoviszidose verloren, einer langsam voranschreitenden Krankheit, die einen langen Leidensweg mit sich bringt. Sie hat es aber geschafft, das Leben zu umarmen, und hat heute zwei kerngesunde erwachsene Söhne. Auch meine Yogalehrerin Claudia hat mit der Zeit den Verlust ihres Mannes und ihrer Tochter durch einen Autounfall annehmen können. Heute ist sie wieder ein sehr positiver Mensch, eine Frau, die das Leben aufsaugt und davon überzeugt ist, dass ihre Seele in diesem Leben die Erfahrung machen wollte, trotz größter emotionaler Belastung ins Vertrauen zu kommen. All diese Menschen wissen nur zu gut, wie sich Trauer und Verzweiflung anfühlen, und sind durch schwere Krisen gegangen. Doch sie haben geschafft, was anderen oftmals nicht gelingt: sich aus der Verstrickung negativer Emotionen wie Trauer und Wut zu befreien und in den Frieden zu kommen.

Es war unser letztes Yogatreffen vor Weihnachten 2018, als wir gemeinsam Mantras chanteten und bei Tee und Keksen begannen, uns zu unterhalten. Für Claudia jährte sich der schicksalhafte Unfall ihrer Familie am darauffolgenden Tag zum zehnten Mal. Sie erzählte, dass sie neun Jahre zuvor nicht gewusst hatte, wie sie den ersten Jahrestag des Unglücks überstehen sollte, doch genau an jenem Tag ihr Bewusstwerdungsprozess ins Vertrauen begonnen und sie ihre Tochter und ihren Mann ganz nah bei sich gespürt hatte. Petra, eine weitere Kursteilnehmerin, die bei dem Flugzeugabsturz der German-Wings-Maschine 2015 ihre Tochter verloren hatte, sagte, dass sie Claudia bewundere, da diese ihren Weg weitergegangen sei und es geschafft habe, an dem Unglück zu wachsen und sich selbst als Fahrerin und allen anderen Unfallbeteiligten zu vergeben. Sie selbst sei nicht in der Lage, den Verlust ihrer Tochter anzunehmen. Sie habe große Sehnsucht und sitze in ihrer Vorstellung Tag für Tag in dem abstürzenden Flieger neben ihrem damals 16 Jahre alten einzigen Kind. Doch dann erzählte sie etwas, von dem sie vermutlich noch gar nicht begriffen hatte, was sich dahinter verbarg:

In den Wochen nach dem Absturz wurden sämtliche Überbleibsel am Unglücksort in den französischen Bergen eingesammelt, dokumentiert und fotografiert. Daraus entstand ein Online-Katalog, in dem die Hinterbliebenen nach Dingen ihrer Angehörigen suchen konnten. Es gab nicht viele Sachen, die den Absturz überstanden hatten, das meiste Gepäck war völlig zerstört worden. Petra konnte in dem Katalog nur zwei Dinge erkennen, die ihrer Tochter gehört hatten. Es handelte sich um ein unversehrtes Passfoto ihrer Eltern, das sie stets in ihrem Portemonnaie bei sich getragen hatte, und etwas, von dem ich hoffe, dass seine und damit die Botschaft der Tochter eines Tages im Herzen ihrer Mutter ankommen wird: ein nagelneues, sehr bequemes Paar Freizeitschuhe, das den Absturz ohne einen einzigen Kratzer überstanden hatte. Das mag für den ein oder anderen ein bemerkenswerter Zufall sein, für mich jedoch, inmitten unseres Zusammenseins in dem energetisch geschützten Raum, war es ein Wunder, denn ich konnte die Worte des Mädchens regelrecht fühlen:

»Meine geliebten Eltern, bitte seid nicht traurig, denn wir sind für alle Zeiten miteinander verbunden. Für euch beginnt nun ein neuer Lebensabschnitt, darum zieht euch die neuen Schuhe an, und geht euren Weg weiter!«

Danksagung

Mein Dank geht an meine Verleger, Heidi und Markus Schirner, die so viel Gutes für diese Welt tun, indem sie Bücher verbreiten, die Mensch und Tier zu einem glücklicheren Leben verhelfen können. Danke auch an meine Autorenkolleginnen und Seelenschwestern Antara Reimann und Anne-Mareike Schultz, die dieses Buch mit ihren Beiträgen bereichert haben. Ich danke euch, Claudia und Petra, von Herzen, dass ich eure persönlichen Geschichten erzählen und mit ihnen anderen Menschen Mut machen darf. Und ich danke jedem Menschen, der Mutter Erde dient, der sich engagiert, Freude verbreitet und versucht, nachhaltig zu leben.

Abschließend möchte ich mich aus tiefstem Herzen bei meinem Seelenhund Basco bedanken. Du hast mich nicht nur zu einem verantwortungsbewussten und besseren Menschen gemacht. Du warst derjenige, der mich nach jahrzehntelanger Arbeit in geschlossenen Räumen zurück in die Natur und damit zurück zu mir selbst geführt hat. Durch dich habe ich gelernt, die Jahreszeiten bewusst wahrzunehmen, wurde an die Schönheit und Heilkraft der Natur erinnert und stehe heute dort, wo ich bin. Du warst und bist das größte Geschenk meines Lebens. Danke, mein geliebter Freund.

Über die Autorin

Susanne Orrù-Benterbusch ist ausgebildete Tierheilpraktikerin und in eigener Praxis in Marl (Nordrhein-Westfalen) tätig. Ihre Liebe zur Natur und zu den Tieren prägen ihren Werdegang und ihr gesamtes Leben. Seit Ende der 1990er-Jahre beschäftigt sie sich intensiv mit sämtlichen Facetten der Naturheilkunde. Hierbei verbindet sie ganzheitsmedizinische Gesichtspunkte mit spirituellen und ökologischen Aspekten. Sie möchte Menschen aufklären und motivieren und sie in die Eigenverantwortung bringen.

www.susanne-orru-benterbusch.jimdo.com

Quellen und Inspirationen

Biritz, Lisa: Vision der Seele – Entdecke deine Bestimmung im Leben, Schirner Verlag 2018

Brensing, Karsten: Das Mysterium der Tiere – Was sie denken, was sie fühlen, Aufbau Verlag 2017

Dietz, Michael: Die Chi-Küche – Energetisch kochen und leben, Schirner Verlag 2015

Hauswald, Sabine: Die Schilddrüse – Funktionsstörungen ganzheitlich begegnen, Schirner Verlag 2016

Hauswald, Sabine: Auch Männer haben Hormone – Den männlichen Hormonhaushalt natürlich im Griff, Schirner Verlag 2018

Hay, Louise L.: Heile deinen Körper – Seelisch-geistige Gründe für körperliche Krankheit und ein ganzheitlicher Weg, sie zu überwinden, Lüchow Verlag 1983

Lecomte, Jacques: Der Welt geht es besser, als Sie glauben – 50 Gründe, optimistisch zu sein, Gütersloher Verlagshaus 2018

Leu, André: Die Pestizid-Lüge – Wie die Industrie die Gesundheit unserer Kinder aufs Spiel setzt, Oekom Verlag 2018

Meuser, Ute Leilani und Vetters, Simone: Meine Natur wahrnehmen – Fasten und mehr für Klarheit, Energie, Schönheit, Natürlichkeit und Sinnlichkeit, Schirner Verlag 2016

Opitz-Kreher, Karin: Radikal ganzheitlich entgiften – Körper, Geist und Umfeld reinigen mit ätherischen Ölen, Schirner Verlag 2018

Precht, Richard David: Tiere denken – Vom Recht der Tiere und den Grenzen des Menschen, Goldmann Verlag 2018

Internetseiten:
www.greenpeace.de, www.foodwatch.org, www.bund.net, www.nabu.de, www.statista.com, www.duh.de, www.bluehende-landschaft.de, www.ackerhelden.de, www.lichtfocus.de, www.manomind.com, www.naturheilpraxis-schultz.de, www.aerzte-gegen-tierversuche.de, www.campact.de, www.tierschutzbund.de, www.vier-pfoten.de

Tierratgeber mit Herz & Verstand

Susanne Orrù-Benterbusch
Dein Seelenhund zeigt dir den Weg
Ein Praxis-Leitfaden für eine gesunde und glückliche Mensch-Hund-Beziehung
264 Seiten
ISBN 978-3-8434-1295-7

Susanne Orrù-Benterbusch
Katzen – Seelengefährten & Herzeroberer
Ganzheitlicher Praxis-Leitfaden
288 Seiten
ISBN 978-3-8434-1334-3

Bildnachweis

Bilder von der Bilddatenbank www.shutterstock.com

Schmuckelemente auf Vor- und Nachsatz und Innenseiten: Blätter und Blätterranke: #488864953 (© Mallinka1), Kreis: # 188233268 (© chocoma87)

Innenseiten: S. 6 #274566256 (© Romolo Tavani), S. 8 #117054529 (© pavelgr), S. 14 #764767603 (© Min C. Chiu), S. 19 #613473953 (© kram9), S. 22 #323179724 (© amenic181), S. 25 #728448754 (© LedyX), S. 26 #1104899744 (© Sonja Filitz), S. 28 #1092362624 (© ntkris, S. 30 #1330053623 (© Veera), S. 32 #345961085 (© Von G-Stock Studio), S. 36 #1129958252 (© New Africa), S. 41 #1452030362 (© jazz3311), S. 43 #618020927 (© melhijad), S. 45 #146684621 (© sirtravelalot), S. 47 #225108796 (© Betelgejze), S. 51 #622381814 (© RossHelen), S. 43, 109 #120401410 (© VoodooDot), S. 54 #433349641 (© stockcreations), S. 59 #464521754 (© Jacob Lund), S. 63 #508062640 (© Kent Weakley), S. 67 #695184616 (© savitskaya iryna), S. 70 #259729657 (© Esin Deniz), S. 77 #1220550832 (© Antonio Baccardi), S. 79 #594591759 (© Unchalee Khun), S. 81 #749113660 (© Slawomir Zelasko), S. 84 #1289447605 (© TB studio), S. 87 #144598541 (© Aleksandr Kutakh), S. 91 #414535196 (© pichetw), S. 93 #362462048 (© Albina Glisic), S. 97 #586302893 (© Paisit Teeraphatsakool), S. 100 #670725067 (© Vladimir Sazonov), S. 103 #553082026 (© ATeam), S. 105 #526891984 (© Cristina Conti), S. 107 #1007889706 (© yotily), S. 109 #588996557 (© Azami Adiputera), S. 110 #1310886638 (© Romolo Tavani), S. 115 #573869317 (© HAKINMHAN), S. 117 #1270124617 (© Ton Bangkeaw), S. 119 #1300358923 (© Avigator Fortuner), S. 121 #1414962881 (© Adam Hoglund), S. 124 #772691686 (© pogonici), S. 128 #128870053 (© ponsulak), S. 132 #644034640 (© thka), S. 135 #608015780 (© REDPIXEL.PL), S. 137 #500023837 (© Anna Ok), S. 139 #596654465 (© Monkey Business Images), S. 143 #360645179 (© apple2499), S. 147 #667978945 (© Monkey Business Images), S. 150 #160949072 (© Lolostock), S. 152 #1312387727 (© De Visu), S. 154 #1258756480 (© maloff), S. 161 #276311909 (© Andrii Orlov), S. 164 #744296866 (© r.classen), S. 168 #460048114 (© marina shin), S. 170 #1054138178 (© Petr Simon), S. 173 #154184654 (© TTphoto), S. 179 #526534900 (© napocska), S. 182 #145572277 (© Studio 37), S. 184 #210097015 (© Tatiana Bobkova), S. 187 #626570612 (© Rawpixel.com), S. 188 #1191950596 (© etraveler), S. 192 #206740534 (© Dark Moon Pictures)